Realidade e Luto:
Um Estudo da Transicionalidade

KARINA CODEÇO BARONE

REALIDADE E LUTO:
UM ESTUDO DA TRANSICIONALIDADE

Casa do Psicólogo®

© 2004 Casa do Psicólogo Livraria e Editora Ltda.
É proibida a reprodução total ou parcial desta publicação, para qualquer finalidade, sem autorização por escrito dos editores.

1ª Edição
2004

Editores
Ingo Bernd Güntert e Myriam Chinalli

Assistente Editorial
Sheila Cardoso da Silva

Produção Gráfica
Renata Vieira Nunes

Capa
A imagem da capa foi escolhida pela autora – reprodução do quadro "First Steps (after Millet)" de Vincent Van Gogh (Nova York, The Metropolitan Museum of Art) – por ilustrar o necessário suporte da família para o desenvolvimento do indivíduo.

Editoração Eletrônica
Nair Fernandes da Silva

Revisão Gráfica
Christiane Gradvohl Colas

Dados Internacionais de Catalogação na Publicação (CIP)
(Câmara Brasileira do Livro, SP, Brasil)

Barone, Karina Codeço
 Realidade e luto : um estudo da transicionalidade / Karina Codeço Barone. — São Paulo: Casa do Psicólogo®, 2004.

 Bibliografia.
 ISBN 85-7396-365-4

 1. Luto – Aspectos psicológicos 2. Objetos transicionais (Psicologia) 3. Psicanálise 4. Realidade 5. Winnicott, Donald W., 1896-1971. I. Título.

04-7077   CDD- 150.195

Índices para catálogo sistemático:
 1. Realidade : Concepção psicanalítica
   winnicottiana : Psicologia   150.195
 2. Transicionalidade : Psicanálise : Psicologia   150.195

Impresso no Brasil
Printed in Brazil

Reservados todos os direitos de publicação em língua portuguesa à

Casa do Psicólogo® Livraria e Editora Ltda.
Rua Mourato Coelho, 1059 Vila Madalena 05417-011 São Paulo/SP Brasil
Tel.: (11) 3034.3600 E-mail: casadopsicologo@casadopsicologo.com.br
site: www.casadopsicologo.com.br

*Aos meus pais, Walter e Leda,
pelo amor cotidiano.*

Agradecimentos

Este livro constitui uma adaptação da minha dissertação de mestrado defendida em maio de 2003 no Instituto de Psicologia da Universidade de São Paulo. Sou profundamente grata ao Prof. Dr. Nelson Ernesto Coelho Júnior pela orientação preciosa, estímulo constante e disponibilidade, sem os quais este trabalho não teria sido possível.

Aos Prof. Dr. Gilberto Safra e Prof. Dr. Bernardo Tanis pelos comentários valiosos a respeito do meu trabalho, apresentados na defesa da dissertação.

Ao Prof. Dr. José Moura Gonçalves Filho pelas sugestões apresentadas no exame de qualificação da dissertação.

Ao Prof. Dr. Lino de Macedo, que despertou meu interesse pelo trabalho acadêmico.

Aos meus pacientes, pela confiança em mim depositada.

Aos Dr. Eduardo Iacoponi e Dra. Wilze Laura Bruscato, chefes do Departamento de Saúde Mental e Setor de Psicologia, respectivamente, na época em que trabalhei na Irmandade da Santa Casa de Misericórdia de São Paulo, por acreditarem no meu trabalho.

À Andrea Chandler e ao Dr. Ricardo Steiner pelo apoio oferecido na pesquisa à Biblioteca do Instituto da Sociedade Britânica de Psicanálise e aos Arquivos da Sociedade Britânica de Psicanálise, respectivamente.

Ao Winnicott Trust e Paterson Marsch Ltd, que permitiram a reprodução de alguns trechos de textos não previamente publicados de Winnicott.

Aos meus colegas de ofício Ana Carolina Cais, Carmen Benedetti, Cinthia Jank, Darcy Daccache e Luciana Saddi.

Ao meu marido Luciano cuja companhia tornou este trabalho menos solitário e pelo suporte na correção do texto.

Aos meus pais Walter e Leda, à minha irmã Vanessa, a meu cunhado Fábio, e à minha sobrinha Helena, pela valiosa convivência na nossa família.

Ao meu avô poeta Joadelívio de Paula Codeço, pela ajuda na correção do texto e constante incentivo literário.

Ao meu analista Eduardo Boralli Rocha pela escuta encorajadora.

Às amigas queridas Júlia Morassutti, Márcia Arcuri, Patrícia Vicentini, Sílvia Arcuri, Sonja Valle e Tânia Pantano, pelos bons momentos compartilhados.

Sumário

Prefácio:
Entre Realidades 11

Apresentação 19

Capítulo 1
Para repensar o aspecto traumático do contato com a realidade 23
Uma breve discussão do problema das realidades na psicanálise de Freud 25
O problema das realidades em Ferenczi 32
Da influência ferencziana 36
Uma nova maneira de conceber o contato com a realidade: a importância do conceito de transicionalidade 44

Capítulo 2
Winnicott e uma teoria do desenvolvimento emocional primitivo precursora dos objetos e fenômenos transicionais 51
Primeiras aproximações da pediatria à psicanálise 51
Para aquém do Édipo: a importância de uma teoria sobre o desenvolvimento emocional primitivo 57
Desenvolvimento emocional primitivo e a experiência compartilhada entre mãe e bebê 65
Um aspecto paradoxal do desenvolvimento emocional primitivo: o núcleo isolado do *self* 71
Os três processos fundamentais do desenvolvimento emocional primitivo 73

Capítulo 3
A teoria dos objetos e fenômenos transicionais 79
A gênese de um conceito 79
O aspecto espacial da teoria dos objetos e fenômenos
   transicionais 81
A experiência de ilusão 82
O espaço potencial: uma teoria sobre a ancoragem saudável e
   criativa na realidade 84
O aspecto temporal da teoria dos objetos e fenômenos
   transicionais. 95
Do necessário trabalho de luto 98
Da elaboração da perda: luto e criatividade 104

Capítulo 4
**Considerações finais: para pensar a contribuição da
psicanálise para o lugar do psicoterapeuta** 109

Referências bibliográficas 121

Prefácio

Entre Realidades

Coube ao psicanalista e pediatra inglês Donald W. Winnicott o privilégio de avançar para além das idéias de Freud em vários planos teóricos e clínicos. Destaco, em particular, sua noção de realidade que a meu ver representa uma mudança significativa nas proposições psicanalíticas sobre o tema. Por meio de conceitos como objeto e fenômenos transicionais, espaço intermediário ou terceira área, Winnicott formula uma *nova concepção de realidade*. A idéia de uma terceira área, de um espaço intermediário, de um "entre-dois", parece-me em especial fecunda e fez com que a psicanálise pudesse passar a trabalhar em três planos de experiência e não apenas com dois planos em permanente oposição. Um terceiro plano, uma terceira área que, no entanto, não se configura como uma síntese ou como uma região segura, pré-formada e de fácil delimitação. Espaço de ilusão, condição para a criação, o *entre* revela-se como a região psicanalítica por excelência.

Desde o início, entretanto, quero deixar claro que não penso a história das idéias psicanalíticas em termos de grandes rupturas e da instauração periódica de pensamentos que brotam por geração espontânea. Ao contrário, valorizo ao máximo as heranças e não me canso de reconhecer o pensamento de Freud, assim como o de Ferenczi, em doses menores, em cada um dos autores pós-freudianos. Além disso, não custa relembrar que o próprio Winnicott propôs que ninguém pode ser original a não ser baseado na tradição.

Não bastasse minha convicção quanto ao peso das heranças na construção das teorias psicanalíticas, deparei-me com uma "prova" a mais. Relendo um livro que me acompanha há muito tempo e do qual já me servi em várias situações, "descobri" uma passagem de Freud sobre o *entre*, ou em suas palavras, o reino intermediário (*Zwischenreich*). Na leitura de *Entre o sonho e a dor*, do psicanalista francês J. B. Pontalis (1977), encontrei a seguinte passagem: "Mas o pensamento freudiano, mesmo sendo um pensamento dualista, pensamento do conflito e do par de opostos, não se deixa prender em um "ou isso ou aquilo". Nosso reino é aquele do entre dois, pôde dizer Freud no tempo mesmo em que inventava a análise" (p. 9). Em nota de rodapé, Pontalis remete o leitor a uma carta de Freud a Fliess, de 16 de abril de 1896. A passagem completa é a seguinte: "Só tenho a registrar umas poucas idéias nascidas de meu trabalho cotidiano sobre o reino intermediário, como um reforço genérico da impressão de que *tudo* é como suponho que seja e, portanto, de que tudo será esclarecido." (Masson, 1986, p. 182). É claro que Pontalis, ao escrever as linhas que citei, estava bastante influenciado, em sua leitura de Freud, por Winnicott e pelo filósofo Merleau-Ponty, autores de referência de seu livro de 1977 e defensores de um pensamento que reconhece o lugar fundamental da dimensão intermediária. Sem entrar nas querelas hermenêuticas, nem na forma francesa de inspiração lacaniana de ler Freud ou mesmo sobre que destino teve o "reino intermediário" no restante da obra freudiana, o que quero registrar é que até no aspecto que sempre considerei ser o da mais genuína originalidade de Winnicott acabei por encontrar, através de Pontalis, um grão de areia freudiano. Não há garantia de que esse grão de areia esteja de fato presente na inspirada concepção winnicottiana da realidade, mas, *si non è vero, è bene trovato*.

Entretanto, como se sabe, apesar das variadas nuanças teóricas e clínicas presentes no trabalho de Freud, a oposição rígida entre realidade externa e realidade psíquica acaba por predominar em sua obra. Com relação à psicologia do século XIX e início do século XX essa concepção representou um grande avanço, na medida em que deu lugar de realidade a uma dimensão tratada como pura ficção. Os sonhos, o inconsciente, as fantasias ganham estatuto de realidade, ou seja, a assim chamada realidade psíquica passa a merecer a persistente dedicação de um cientista e passa a pleitear o posto de objeto de uma ciência que começava a se constituir. Mas, assim como em quase todos os outros aspectos de sua teorização (talvez até por uma dificuldade em pensar fora do enquadre de uma lógica discursiva que exige oposições, como sugere Pontalis), também com relação à realidade Freud mantém-se preso a um pensamento dualista. Pensamento dualista que parece ser necessário para a sustentação de um dos principais pilares de sua concepção do psiquismo, ou seja, a idéia de conflito. As únicas exceções, como já apontou André Green (2000), são o Complexo de Édipo e o aparelho psíquico (tanto da primeira como da segunda tópica), que exigem a presença de três elementos. Também nesses casos a exigência do conflito se mantém, mas não em função de uma simples oposição. Essas exceções não devem ser desprezadas, mas para a formulação da noção de realidade em Freud não chegam a ser de todo determinantes.

Se por um lado, a tradição de um pensamento dualista favoreceu, em nossa cultura ocidental, principalmente a partir da tradição judaico-cristã, a formulação consistente de muitas balizas epistemológicas que construíram o saber nas ciências e na filosofia, de outro lado é necessário reconhecer seus limites e os impasses que impõe. As rígidas oposições estruturantes de nossa cultura – como as de bom e mau, certo e errado, sanidade e loucura, público e privado, mundo externo e mundo interno, realidade e fantasia, etc. – evidentemente em seus diferentes níveis de importância e determinação histórica, sociológica, psicológica e cultural, são base de muitos impasses enfrentados na contemporaneidade. Ao que tudo indica, a dificuldade em se libertar de aprisionamentos criados pelo pensamento dualista é marca constituinte de preconceitos, fanatismos, violências e intolerâncias que inundam nosso cotidiano. Longe de ser causa desses fenômenos, a oposição entre duas realidades proposta por Freud acaba, no entanto, por reproduzir um modelo e com isso herda suas dificuldades e seus limites.

Mas, para que justiça seja feita, deve-se lembrar que Freud atribuiu ao conceito de realidade diferentes sentidos no conjunto de sua obra. Para além da oposição entre realidade externa e realidade psíquica, Freud trabalhou com noções como as de realidade poética (*Poetischen Realität*) e de realidade fingida (*Fingierten Realität*) que, indiscutivelmente, são prenúncios de uma concepção mais complexa e ampliada da realidade. Apesar disso, é preciso reconhecer que a oposição entre duas realidades (psíquica e externa), não é algo sem conseqüências para o trabalho clínico e para as formulações teóricas de Freud. A presença, em geral rígida, de "duas" realidades na teoria implica em termos clínicos o reconhecimento de uma separação inaugural entre mundo exterior e mundo interno, queira ou não o analista. Não me parece que seja possível escapar dos impasses teóricos e técnicos daí decorrentes, o que impõe a necessidade clínica de se elaborar parâmetros de análise de acordo com essa construção teórica. Depositar nas concepções científicas da época ou nos limites da lógica discursiva a razão de ser desta forma de teorização sobre a realidade não chega a resolver o problema e, mais do que isso, vem colocando vários impasses para os autores pós-freudianos.

É nesse plano que entendo a importância das inovações propostas por Winnicott para a concepção psicanalítica da realidade. Ao formular uma teoria sobre o espaço intermediário entre a realidade externa e a realidade psíquica, Winnicott cria as condições para a valorização de um *terceiro* elemento em nossa compreensão sobre as relações entre o sujeito e seu mundo. É a clássica oposição entre mundo interno e mundo exterior que é revista a partir desta conceituação e que levou Winnicott a propor três questões de fundamental importância: "Temos utilizado os conceitos de interior e de exterior, e necessitamos de um terceiro. Onde estamos quando fazemos o que em verdade fazemos durante boa parte do tempo, quer dizer, quando nos divertimos? O conceito de sublimação abarca todo o panorama? Podemos obter alguma vantagem se examinarmos este assunto da possível existência de um lugar para viver, que os termos 'exterior' e 'interior' não descrevem de forma adequada?" (Winnicott, 1971, p. 140) Como se sabe, os estudos de Winnicott sobre o espaço intermediário consideram tanto o espaço construído na relação mãe-criança, como também o espaço intermediário presente na relação analista-analisando. Tal espaço representa, segundo ele, "uma terceira zona de vida humana, que não está dentro do indivíduo, nem fora, no mundo da realidade compartilhada." (Winnicott, 1971, p. 146)

Ao ampliar as concepções freudianas de percepção inconsciente e projeção, entendo que Winnicott acaba por superar alguns dos impasses impostos pela teoria representacional do psiquismo proposta por Freud. Sem negar o valor das hipóteses empiristas que fazem da percepção a porta de acesso para encontrar no mundo os objetos já lá existentes, nem descartar o valor das hipóteses de extração mais idealista que fazem da projeção o mecanismo criador e constituidor de objetos e do mundo, Winnicott propõe uma série de paradoxos como forma de ultrapassar matrizes dualistas de pensamento. Para ele, o psiquismo simultaneamente encontra e cria os objetos e o mundo. Ou então, como ele se expressa em um outro de seus famosos paradoxos: o objeto subjetivo é sempre anterior ao objeto objetivo, mas para que ele possa ser concebido é necessário que antes exista o objeto objetivo.

Para chegar a esses paradoxos que desorganizam as formulações canônicas sobre a natureza da realidade, sobre a natureza da experiência humana da realidade ou mesmo sobre a natureza das formas de conhecimento humano da realidade, Winnicott elabora um conjunto de conceitos. São todos conceitos que procuram descrever diferentes estados maturacionais do desenvolvimento emocional humano (e seus distúrbios), as formas de relação entre um bebê e sua mãe (e entre o analista e o analisando), entre o bebê e seus primeiros objetos e, de forma mais ampla, que procuram descrever e nomear as formas de relação do ser humano com seu ambiente. Atento às dimensões positivas da ilusão e à necessidade de se reconhecer o papel da criatividade nos processos de constituição subjetiva e intersubjetiva, Winnicott acaba por valorizar e construir conceitualmente um espaço *entre*, que é um espaço de ilusão. Este espaço que originalmente é o espaço do brincar infantil em que é um prazer se esconder, para poder ser encontrado, é também o lugar da criatividade e futuro lugar da experiência cultural.

Gostaria de valorizar ainda mais a importância do *entre* como dimensão fundamental para a compreensão dos fenômenos característicos da existência humana. Parafraseando Merleau-Ponty, diria que se trata de conseguir trabalhar simultaneamente nos planos da realidade psíquica e da realidade externa e conseguir se situar no *quiasma* desses dois planos, na encruzilhada onde se dá a vivência criativa, que não é posse nem da realidade psíquica nem da realidade externa. Não se trata, portanto, de buscar as origens ocultas da criatividade no interior de minha realidade psíquica, nem no tecido espesso da realidade externa, mas sim de trabalhar no *entre*, no *quiasma*, no entrelaçamento dos planos.

Os temas que acabo de apresentar são apenas alguns dos aspectos da história da gênese das teorias e dos conceitos psicanalíticos tratados por Karina Barone em *Realidade e luto: um estudo da transicionalidade*. Originalmente escrito como uma dissertação de mestrado, defendida em 2003, no Instituto de Psicologia da Universidade de São Paulo, o trabalho de Karina Barone aprofunda temas centrais do debate contemporâneo em psicanálise. Da precisa reconstituição das transformações ocorridas na concepção de realidade a uma forma original de se compreender o luto, a psicanálise concebida por Winnicott emerge vitalizada e provocativa.

Por meio de um texto ágil e, ao mesmo tempo, rigoroso e exigente com relação às formulações teóricas e clínicas de Winnicott, vemos surgir, a partir da teoria dos objetos e fenômenos transicionais e da concepção do *espaço entre*, formuladas pelo psicanalista inglês, a constituição de uma possível relação saudável e criativa do sujeito com a realidade. Em contraste com a noção de realidade externa concebida por Freud, na maioria das vezes pensada como fonte de frustrações, de exigências e limites, passa-se a freqüentar uma realidade compartilhada e "inventada", que aceita em sua "confecção" as contribuições criativas e que se configura, predominantemente, como um espaço de acolhimento e sustentação de experiências subjetivas e intersubjetivas. A experiência da ilusão, a aptidão criadora e uma particular concepção do campo intersubjetivo aparecem como elementos fundamentais nessa renovada concepção psicanalítica do mundo interno e das relações do sujeito com a realidade. Concepção que pode também transformar a elaboração psicanalítica das experiências de luto.

Como sublinha Karina Barone, na perspectiva winnicottiana, a elaboração de perdas (como a necessária "perda" da mãe vivida pelo bebê nos momentos de formação de sua experiência de separação eu-outro), passa pelo desenvolvimento do espaço do sonho. Espaço em que se torna possível reencontrar de alguma forma o que foi perdido, em um reencontro que para Winnicott passa a ser a criação de novas formas de existir e não apenas a tentativa de reprodução do que se perdeu. Para isso, é necessário fazer coisas e não apenas desejar ou pensar, como afirma Winnicott. Gestos e atos que constroem novos espaços de sonho, de existência e que como já escrevia Freud, constituem um "trabalho de luto", mas um trabalho que para Winnicott é ao mesmo tempo um brincar, já que "brincar é fazer" (Winnicott, 1971).

Nelson Coelho Junior

São Paulo, julho de 2004.

Apresentação

Este livro baseia-se na minha dissertação de mestrado, intitulada "Realidade e luto na obra de Winnicott – ou das transformações trazidas pelo conceito de transicionalidade", defendida em maio de 2003 no Instituto de Psicologia da Universidade de São Paulo. O interesse pelo tema do contato com a realidade foi em mim despertado a partir da minha experiência no atendimento psicoterapêutico a crianças portadoras de doenças graves, como câncer, fibrose cística ou vítimas de severo trauma. Diante da demanda desses pacientes, expostos a inúmeras experiências de perda, senti a necessidade de buscar sustentação em uma teoria que, ao mesmo tempo, levasse em conta os efeitos traumatogênicos de condições adversas da realidade e não perdesse de vista a maneira pela qual o sujeito pode elaborar essas experiências de perda e alcançar crescimento emocional. Assim, neste livro apresento uma investigação a respeito da maneira pela qual Winnicott compreende o contato com a realidade e o trabalho do luto. Penso ter encontrado na obra de Winnicott uma sustentação teórica para minha prática clínica, uma vez que ele, sem negar o desenvolvimento da capacidade de reconhecimento da realidade, propõe uma interpretação deste fenômeno que visa a não extinguir a capacidade criativa do *self* na percepção e contato com o ambiente.

Auxiliar o paciente a adaptar-se à sua nova realidade constituía um objetivo fundamental desta prática clínica, posto ser esta condição indispensável para a adesão ao tratamento e, portanto, para alcançar a cura. É por intermédio de uma apreciação adequada da realidade[1]

---

1. O que me refiro aqui como considerar as condições da realidade significa que o paciente, tendo em vista o seu desenvolvimento cognitivo e emocional, possa reconhecer e nomear a sua condição. A nomeação e o reconhecimento permitem dar sentido às experiências traumáticas, favorecendo sua elaboração. Não se deve perder de vista que o manejo de informações sobre as doenças e tratamento médico de crianças, além de buscar um vocabulário adequado, leva em conta a posição da família e da equipe médica, a idade, o estado emocional e os aspectos cognitivos da criança.

que se torna possível garantir a adesão ao tratamento, uma vez que o paciente e sua família reconhecem sua necessidade.

Os relatos de intervenção psicoterapêutica a pacientes pediátricos, descritos por Winnicott ao longo de sua obra, serviram como fonte de inspiração à minha prática clínica, dado que, em muitos deles, era possível reconhecer o respeito que Winnicott tinha não apenas pelo mundo interno do paciente, mas, também, pela realidade à sua volta. Um exemplo disso é o fato de Winnicott ser capaz de ajudar a família de um paciente que morava longe de Londres a recuperar sua função na promoção do desenvolvimento emocional do paciente, uma vez que este não podia deslocar-se a Londres para constantes consultas (Winnicott, 1960a).

Ao lado disso, a obra de Winnicott tem relevância para esta prática clínica, por apresentar a maneira pela qual o ambiente pode vir a organizar-se de forma a atender às necessidades da criança, com o objetivo de favorecer o processo maturacional, posto que, muitas vezes, a intervenção psicoterapêutica visava devolver aos pais do paciente sua capacidade de exercer sua função, tão duramente perturbada pela angústia produzida pelo adoecimento de seus filhos.

Ao longo dessa experiência clínica, constatei que era apenas quando os pacientes podiam elaborar suas experiências de perda, que era possível obter a diminuição dos sintomas depressivos apresentados por eles durante o tratamento médico. Isso levou à conclusão de que, além da adaptação à realidade, a intervenção terapêutica deveria auxiliar o paciente a recuperar sua capacidade para o desenvolvimento e para a expressão criativa do *self* na realidade. Esses pacientes encontravam-se às voltas com diversas experiências de perda, as quais deveriam ser reconhecidas e elaboradas, visando a reinstalar um sentido de esperança.

Penso que essa condição psicológica saudável passa pelo desenvolvimento do trabalho do luto. Tal condição psicológica pode ser traduzida pela sustentação de um equilíbrio entre levar a realidade em conta – mas não sucumbir diante de sua violência – e expressar-se criativamente, sem se alienar em um mundo alucinatório. No meu entendimento, essa condição pode ser estudada à luz da teoria de Winnicott a respeito dos fenômenos transicionais, como procurarei discutir neste livro no capítulo dedicado ao trabalho do luto.

A teoria de Winnicott, baseada em uma crença nos aspectos positivos da ilusão, parece contribuir para a compreensão dos mecanismos de construção da esperança, caracterizada pelo equilíbrio entre a adaptação à realidade e o desejo de se tornar saudável novamente. Além disso, o elemento de ilusão permite ao paciente reencontrar a sua capacidade de *brincar*, expressando o seu *self* de maneira criativa.

Por fim, penso que com uma teoria a respeito dos fenômenos contratransferenciais, baseada em parte em sua própria honestidade no relato clínico, Winnicott oferece uma contribuição fundamental ao psicoterapeuta. Winnicott foi, sem dúvida, pioneiro na associação entre pediatria e psicanálise. No esforço de aplicar o conhecimento psicanalítico à pediatria, Winnicott não trouxe apenas uma contribuição para a compreensão do funcionamento psíquico do paciente, mas também, sobretudo, dos elementos contratransferenciais decorrentes do contato com o paciente. Assim, a leitura de Winnicott constitui uma rica ferramenta ao profissional de saúde mental. Esse aspecto parece ser ilustrado por um trecho relatado por Kahr (2002) de uma carta de um psiquiatra endereçada a Winnicott, em agradecimento à sua visita a um hospital psiquiátrico para aconselhar a equipe no manejo de pacientes psicóticos. Nessa carta, o psiquiatra diz que após a visita de Winnicott, um garoto psicótico, paciente da enfermaria, afirmou que Winnicott deveria voltar ao hospital. O psiquiatra então perguntou ao garoto se ele achava que a presença de Winnicott tinha sido de utilidade para ele, ao que o garoto respondeu que sim, acrescentando que além de ajudar os pacientes, Winnicott poderia ser de grande ajuda para o próprio psiquiatra que o interrogava (Kahr, 2002).

Ao longo deste livro, a discussão está organizada da seguinte forma: apresento inicialmente como o tema do contato com a realidade havia sido desenvolvido por Freud e Ferenczi, com o objetivo de interrogar a herança ferencziana presente nos analistas do Grupo Independente e em Winnicott. Em seguida, investigo a teoria do desenvolvimento emocional primitivo de Winnicott, que pode ser considerada precursora da teoria dos objetos e fenômenos transicionais. Posteriormente, considero a discussão da teoria dos objetos e fenômenos transicionais, com referência aos seus aspectos espacial e temporal. Na conclusão, procuro ampliar a discussão a respeito da contribuição da psicanálise para o atendimento psicoterapêutico de crianças gravemente enfermas.

Tendo em vista a presente investigação, penso ser importante destacar a particularidade da tarefa de discutir a teoria de Winnicott. Ogden (2001) reconhece que o estilo pessoal de Winnicott é responsável tanto por produzir uma grande dificuldade para ler sua obra, quanto por gerar uma rica experiência ao leitor que por ela se aventurar. Ogden justifica que isso acontece porque Winnicott usa a linguagem para oferecer ao leitor experiências, as quais são indissociáveis dos conceitos que ele está apresentando. Dessa maneira, a experiência de ler Winnicott acaba por assemelhar-se às características de sua clínica psicanalítica em sua relação com o brincar. De acordo com Ogden (2001, p. 207), no momento em que Winnicott está teorizando, existe uma *"capacidade de brincar seriamente (ou seriedade brincalhona) (...) adequada à maneira como ele compreende a natureza paradoxal da experiência humana"*.

Ao longo deste livro, procuro fazer justiça às potencialidades de sentido da obra de Winnicott, evitando que o trabalho de pesquisa venha a limitar os sentidos do texto original. O material de consulta desta pesquisa é constituído, em sua maioria, por textos em sua língua original, cujas traduções reproduzidas neste livro são de minha autoria.

Capítulo 1
Para repensar o aspecto traumático do contato com a realidade

Relatos biográficos a respeito do psicanalista inglês Donald Woods Winnicott (1896-1971) permitem inferir que o estado depressivo de sua mãe, além de constituir uma importante preocupação para ele durante a sua infância, exerceu um impacto considerável em sua personalidade (Kahr, 1996; Phillips, 1988). O enigma da depressão materna parece ter funcionado, ainda, como alavanca para instigantes investigações psicanalíticas para Winnicott (1948), como pode ser visto no texto *Reparação em função da defesa materna organizada contra depressão*.

De acordo com Winnicott, a existência de um quadro melancólico materno constitui um elemento prejudicial ao estabelecimento da função do ambiente de atender às necessidades do bebê, podendo acarretar prejuízos para o desenvolvimento das potencialidades do *self*. Esta concepção conta com uma descrição sobre os aspectos de vivacidade do *self*, em contraposição aos elementos depressivos, na medida em que Winnicott vai além de uma descrição de saúde mental apenas em termos de ausência de sintomas. As expressões do *self* caracterizadas como saudáveis, segundo Winnicott, envolvem a manifestação de um sentido de vivacidade, ao passo que as patológicas carregam em si um sentido de morte.

Tendo em vista o modelo proposto por Winnicott (1945) do processo maturacional, a experiência traumática passa a ser identificada com as falhas das funções do ambiente ocorridas em um período significativo do processo maturacional.

A relevância deste tema pode ser atestada pela herança conceitual deixada por Winnicott, dado que autores contemporâneos que se propõem a discutir sua obra, tais como André Green (1983) e Thomas Ogden (1995), também voltaram-se ao tema da depressão materna, bem como à repercussão desta para o desenvolvimento psíquico e para os quadros psicopatológicos contemporâneos.

Além disso, Winnicott preocupou-se em discutir como se dá a formação de um laço efetivo com a realidade, sem que isso acarrete um constrangimento das potencialidades do *self* individual.

Este livro tem como objetivo discutir as contribuições trazidas pelo psicanalista inglês Donald Woods Winnicott a respeito dos processos maturacionais do indivíduo, com destaque para as modificações introduzidas pelo autor no que se refere à apreciação das realidades interna e externa a partir do desenvolvimento do conceito de transicionalidade (Winnicott 1971a). Pretendo discutir ao longo deste trabalho em que medida o conceito de transicionalidade traz contribuições para discutir o estabelecimento de um contato saudável com a realidade.

Ao lado disso, entendo que a obra desenvolvida por Winnicott, apoiada em sua teoria a respeito dos Objetos e Fenômenos Transicionais, constitui uma importante ferramenta para investigar, sob uma nova perspectiva, alguns temas que sempre interessaram à psicanálise como, por exemplo, o trabalho do luto. A presente discussão baseia-se na hipótese de que o trabalho do luto guarda similaridades com as tarefas empreendidas pelo bebê no início da vida para lidar com as experiências de separação da mãe e estabelecer, ao mesmo tempo, uma relação saudável e criativa com o ambiente.

Penso que as inovações introduzidas por Winnicott decorrem, em grande parte, do fato de o psicanalista inglês apresentar um ponto de vista original a respeito da problemática relação entre o indivíduo e a realidade. A teoria a respeito do desenvolvimento emocional primitivo de Winnicott permite inferir que o ambiente exerce um papel fundamental na promoção do estabelecimento de uma relação saudável com a realidade, garantindo a expressividade criativa do *self*. Da mesma forma, distúrbios da função ambiental acarretam prejuízos para o desenvolvimento do *self*. Tendo em vista a evolução do movimento psicanalítico, é fundamental resgatar a discussão do papel da realidade na etiologia das neuroses, tal como havia sido apresentado por Freud e Ferenczi, para, posteriormente, considerar a conceituação de Winnicott.

Uma breve discussão do problema das realidades na psicanálise de Freud

Decifrar a participação da realidade na etiologia das neuroses era um problema presente para Freud desde o início da psicanálise. Esta questão impulsionou modificações técnicas fundamentais. Através do desenvolvimento teórico conhecido como *teoria da sedução*, Freud (1893) atribui a etiologia das psiconeuroses a um acontecimento traumático, no qual a ingenuidade psíquica do paciente é confrontada com uma experiência sexual real, que leva ao traumatismo e ao posterior adoecimento neurótico. Com base neste modelo teórico, Freud desenvolve um método terapêutico baseado na catarse. O método catártico parecia suficiente para trazer à tona a lembrança da cena traumatizante e, com isso, "curar" o paciente. Contudo, com o desenvolvimento do conceito de fantasia inconsciente e, fundamentalmente, da teoria sobre a sexualidade infantil, Freud (1905) abandona[2] a *teoria da sedução*. Com a veracidade do fato traumático colocada em dúvida, Freud deixa de contentar-se com apenas a rememoração. Esta mudança o conduz a desenhar um complexo modelo de funcionamento psíquico para compreender o adoecimento neurótico e propor uma terapêutica adequada. Os conflitos entre as realidades externa e psíquica, e entre as instâncias psíquicas passam a ocupar um lugar central no modelo de funcionamento do psiquismo proposto por Freud.

---

2. Segundo Laplanche (1988) é possível detectar ao longo da obra freudiana certa ambigüidade para referir-se a esta questão, mostrando que Freud não abandonou completamente a importância da sedução real na etiologia das neuroses.

Em *A força da realidade na clínica freudiana*, Coelho Júnior (1995) apresenta uma abrangente discussão a respeito do impacto da realidade externa ao longo do desenvolvimento da obra de Freud. A discussão apresentada por Coelho Júnior atesta, além da complexidade que o conceito de realidade assume na obra de Freud, o fato de este não ter um único posicionamento a seu respeito[3].

No momento em que Freud (1893) postula a teoria da sedução, afirmando que a causa do adoecimento neurótico é uma experiência traumática, está atribuindo à realidade exterior papel de destaque para o desenvolvimento emocional do sujeito[4]. É importante destacar que além de apontar para a relevância da realidade na etiologia das neuroses, a teoria da sedução inaugura um campo para discussões, desenvolvidas posteriormente, a respeito da fundamental importância de um outro humano para a constituição do sujeito[5].

Com a postulação do conceito de fantasia inconsciente e, conseqüentemente, a reorganização de sua teoria a respeito da etiologia das neuroses, Freud (1897) relativiza a influência da realidade exterior na constituição da subjetividade.

As idéias de Freud (1905) a respeito da sexualidade infantil desenvolvidas no texto *Três ensaios para uma teoria da sexualidade* são também determinantes para o abandono da teoria da sedução, em virtude da conceituação de uma sexualidade anterior à puberdade. Portanto, os relatos de sedução descritos pelas histéricas ganham estatuto de fantasia, ligada às pulsões sexuais infantis e pré-genitais e, não mais, relacionados necessariamente a acontecimentos ocorridos

---

3. Coelho Júnior (1995) discute, ainda, o impacto da realidade exterior tanto nos casos clínicos de Freud quanto na prática psicanalítica contemporânea.
4. Há também em Freud uma referência à existência de uma predisposição histérica que existiria de maneira inata ou hereditária. Entretanto, é possível apreender que a idéia a respeito do impacto do trauma na etiologia da histeria é sem dúvida preponderante, quando comparada às marcas hereditárias.
5. Winnicott e Lacan parecem ter sido influenciados por esta tendência psicanalítica para propor, de modos distintos, teorias que enfatizam a importância do outro para a constituição do sujeito. Essa vertente também parece ter sido um importante motor para o desenvolvimento teórico de Laplanche (1988) a respeito da sedução originária.

na realidade exterior. Freud conceitua a existência de uma disposição perversa polimorfa, inata nas crianças, que seria apenas influenciada por uma possível sedução. Embora Freud relativize a influência da realidade exterior para a etiologia das psiconeuroses, jamais abandona a importância de considerá-la para pensar essa questão.

Em seu livro a respeito da interpretação dos sonhos, Freud (1900) conceitua a maneira como ocorre o desenvolvimento do aparelho psíquico a partir do contato com a realidade exterior. Freud propõe um modelo de aparelho psíquico – cujos elementos avançam da extremidade perceptual para a extremidade motora – com funcionamento semelhante ao dos esquemas reflexos sempre visando, portanto, à descarga. Para explicar os traços de memória, Freud postula a existência de modificações permanentes nos elementos do aparelho psíquico, diferenciando, dessa forma, o sistema de memória de um sistema perceptivo, que deverá manter-se sempre limpo para receber novos estímulos.

A partir da constatação da presença de lembranças infantis nos sonhos, Freud propõe a existência de um movimento regressivo no interior do aparelho. Este movimento regressivo é responsável pelo investimento dos traços de memória, resultando daí um fenômeno semelhante à percepção na ausência de um estímulo perceptivo correspondente. O movimento regressivo estaria também em atuação nas formações sintomáticas. Admitida a existência de um funcionamento de caráter regressivo no interior do aparelho psíquico, Freud (1911) afirma que os primórdios da constituição do psiquismo baseiam-se em experiências de satisfação alucinatória do desejo, empreendidas pelo bebê no intuito de refazer um estado de satisfação. Este funcionamento primitivo de funcionamento psíquico é denominado por Freud de **princípio do prazer**. Como refém do princípio do prazer, o psiquismo teria a capacidade de alucinar a realização do desejo, garantindo a satisfação pulsional, sem curvar-se às exigências da realidade exterior.

Entretanto, espera-se que esse funcionamento seja deixado de lado cada vez mais em favor de um contato mais adequado com a realidade exterior. Do contrário, a própria sobrevivência ficaria ameaçada, posto que a alucinação da experiência de satisfação não alimenta. Está instalado, desde o início da vida, um conflito na relação entre as realidades externa e psíquica. Tal conflito pode vir a ser amenizado por uma nova modalidade de contato com a realidade exterior, denominada **princípio da realidade**. Este conflito, porém, nunca será resolvido inteiramente.

Freud postula que o neurótico afasta-se da realidade, pois esta lhe acarreta sofrimento, na medida em que seus imperativos não são passíveis de resolução apenas através do funcionamento próprio ao princípio do prazer. Por meio do princípio do prazer, o psiquismo alucina tudo o que deveria trazer-lhe satisfação, tal como ocorre durante o sonho. No entanto, este funcionamento deve ser substituído por um novo princípio que leve em conta a realidade, mesmo que esta seja desagradável. Assim, o psiquismo abandona o funcionamento segundo exclusivamente o princípio do prazer para operar sob a égide do princípio da realidade. Esse abandono, contudo, não é realizado pelo indivíduo com facilidade. A vida psíquica apresenta-se como um complexo jogo dinâmico entre as forças pulsionais e a repressão, manifesto, por exemplo, nos sintomas e nos sonhos.

Freud (1908) considera o campo da arte como uma das áreas que mais exitosamente realiza uma reconciliação entre os dois princípios de funcionamento, na medida em que o artista não se curva à exigência da repressão pulsional, permitindo a expressão de sua vida de fantasia. Ao lado disso, essa vida de fantasia encontra um caminho de retorno à realidade exterior por meio das obras do artista, especialmente valorizadas pelo público. Essa valorização emerge da identificação do homem comum com os conflitos também vividos pelo artista. O artista, por intermédio da sublimação, alcança um desfecho mais favorável ao embate travado entre as pulsões e a força da repressão.

Freud reconhece o mesmo mecanismo da produção artística em ação no brincar das crianças e no devaneio dos adultos. A brincadeira da criança constitui uma forma aceita de satisfação pulsional, ao passo que o devaneio do adulto, diferentemente da atividade artística, conduz a um afastamento da realidade sem gerar nenhuma transformação.

Os impasses trazidos pelo contato com a realidade exterior podem ser apreciados no texto de Freud (1924a) *A perda da realidade na neurose e na psicose*. Freud diferencia o modo como as diferentes formações psicopatológicas relacionam-se com a realidade exterior. Freud afirma que na neurose há uma supressão do id, enquanto, na psicose, a realidade é suprimida. No entanto, Freud reconhece que, também na neurose, uma parte da realidade desagradável ao ego é afastada. Sendo assim, o que passa a diferenciar as duas estruturas é a idéia de que na psicose estaria em jogo um repúdio e uma substituição da realidade, ao passo que na neurose a realidade é apenas ignorada.

Por outro lado, Freud reitera que a diferenciação nítida entre as duas modalidades psicopatológicas é dificultada pelo fato de também existir na neurose uma tentativa de remodelamento da realidade. Freud chama a atenção para a existência de um mundo de fantasia, mantido afastado do mundo externo real na ocasião de introdução do princípio de realidade, ao qual o ego se reporta na tentativa de substituir uma realidade que lhe pareça desagradável. Esta situação gera um movimento regressivo a um passado mais satisfatório do que a realidade atual.

Essa construção de um mundo mais satisfatório é também encontrada nas formações alucinatórias atuantes na psicose. Na psicose, a construção fantasiosa visa a substituir a realidade exterior, ao passo que, na neurose, essa construção apóia-se em elementos da realidade, diferentes daqueles contra os quais o ego tenta defender-se. Nesse sentido, um novo significado é atribuído à realidade exterior, apoiado em nomeações simbólicas, tal como ocorre no brincar das crianças.

Para Freud, o indivíduo saudável teria a capacidade de combinar as duas modalidades, ou seja, ele deve ter a capacidade de poder ignorar um pedaço da realidade (assim como o faz a neurose), ao mesmo tempo em que se esforça para efetuar uma modificação desta realidade. Esta modificação, diferentemente do que ocorre na alucinação psicótica, deve gerar mudanças na realidade.

Interessa resgatar essa idéia de Freud, na medida em que ela nomeia o saudável apoiado tanto em um contato estreito com a realidade, quanto na possibilidade de transformá-la em virtude das exigências pulsionais. A origem dessa necessária transformação é a existência de um desgosto profundo no contato do homem com a realidade. Em um primeiro momento, considera-se que a realidade frustra e deve ser evitada a qualquer custo. Contudo, o preço a ser pago pode ser a própria vida, o que leva o neurótico a reconciliar-se com a realidade, com o objetivo de garantir a própria sobrevivência.

Segundo uma concepção freudiana, as exigências pulsionais do *id*, em última instância, constituem uma ameaça à integridade humana, na medida em que exigem afastar-se da realidade externa. Além de propor a existência das pulsões do ego, que visam à manutenção da vida, Freud introduz a idéia de um sofisticado mecanismo de defesa, a **sublimação**, com o objetivo de driblar os impasses da relação entre *id* e realidade.

Através da sublimação, expressa pela produção científica, artística, ou qualquer outra forma de satisfação pulsional indireta, o homem pode servir a dois senhores. Essa forma socialmente aceita de satisfação pulsional deve necessariamente expressar-se no mundo exterior, evidenciando uma trégua (sempre temporária) no conflito entre as pulsões e a realidade.

Ao longo da história da psicanálise, o tema relativo à atividade criativa manteve-se no foco de interesse das mais diversas escolas psicanalíticas. A importância da formação de símbolos foi um tema que, originado da discussão freudiana sobre a sublimação, exerceu forte influência no pensamento psicanalítico inglês. Klein (1930, 1937, 1940) e Segal (1955, 1957) apoiaram-se no conceito de reparação para descrever o funcionamento psíquico mais amadurecido, próprio da posição depressiva, em sua relação com a sublimação. A atividade criativa, expressão da reparação, teria a possibilidade de devolver a integridade ao ego e ao objeto, os quais haviam sido destruídos pelos ataques da pulsão de morte.

Milner (1958), no texto *Psicanálise e Arte*, também se interessou por esse tema, com dedicação especial à idéia de que a instância inconsciente do psiquismo executa um papel fundamental para a criatividade, na medida em que constitui um estado no qual a mente não realiza uma discriminação perfeita entre o *self* e a realidade e, portanto, pode criar objetos que não seriam passíveis de serem criados pela consciência.

Winnicott (1971b) também se interessou pelo tema da criatividade e, como Freud, procurou descrever esse processo em ligação com o processo maturacional do indivíduo. Diferentemente de Segal e Milner, que continuamente direcionaram seus questionamentos para a análise do processo criativo de artistas renomados, Winnicott empenhou-se em compreender como a atividade criativa pode ser inserida no funcionamento psíquico do homem comum. Segundo Winnicott, a criatividade constitui uma forma saudável de manifestação do *self* individual na realidade. Winnicott, contudo, não atribui a manifestação da criatividade apenas ao artista que executa uma obra, mas sim a todo homem, independente de sua idade, que é capaz de expressar as qualidades de seu próprio *self* no ambiente.

No entanto, no que se refere ao motor da atividade criativa, Winnicott diferencia-se de Freud. Aparentemente, a posição dos autores assemelha-se em relação a um possível resultado saudável ao impasse, ou seja, ambos enfatizam a importância de que os elementos singulares do indivíduo possam encontrar expressividade no ambiente. Contudo, Freud (1924a) utiliza um modelo dinâmico para compreender a atividade criativa e inferir o funcionamento psicológico do homem. Winnicott, por sua vez, questiona como a atividade criativa pode ser explicada a partir do processo maturacional do indivíduo, levando em conta um outro modelo de topografia psíquica e de relacionamento com a realidade, como será discutido ao longo deste livro.

Ao lado disso, Winnicott não postula a existência de um conflito primário no contato do homem com a realidade. Winnicott tem confiança na possibilidade do estabelecimento de uma relação suficientemente boa entre o indivíduo e o ambiente. Segundo Winnicott (1956a), não se trata de pensar na existência de um conflito entre indivíduo e ambiente, uma vez que, pela existência de uma receptividade específica do ambiente, denominada **preocupação materna primária**, o ambiente torna-se capaz de promover o desenvolvimento dos processos maturacionais do indivíduo. No entanto, se o ambiente não puder, por algum motivo, atender às necessidades iniciais do bebê e, conseqüentemente, vier a colocá-lo em contato com a realidade prematuramente, o que se instala é uma fratura no próprio sentido de existir do sujeito. Portanto, se, para Freud, a frustração advinda do contato com a realidade pode constituir um motor para o amadurecimento psíquico em direção ao princípio da realidade, para Winnicott, o contato com a realidade em um momento precoce de desenvolvimento (decorrente de falhas ambientais) acarretará distúrbios no desenvolvimento do *self*.

Winnicott (1945) concebe os processos de desenvolvimento do *self* individual como ligados às condições reais oferecidas pelo ambiente facilitador. Penso que esta tendência dentro da história da psicanálise é favorecida pela posição teórica de Ferenczi em manter como interesse da psicanálise a potencialidade traumática de um evento real na etiologia do adoecimento psíquico, como será discutido a seguir.

O problema das realidades em Ferenczi

Ferenczi (1930) foi fiel aos primeiros textos de Freud. Ele reiterou a importância da teoria da sedução e atribuiu ao fator traumático uma participação de peso na etiologia das neuroses. Ferenczi salienta que ao deixar de se dar o devido valor à causa externa no adoecimento neurótico, há o risco de se invocar apressadamente a predisposição ou a constituição. É esta uma das questões que figura no centro do embate entre Freud e seu discípulo. Ferenczi recorre a uma metapsicologia do trauma para sustentar audaciosas transformações técnicas.

Seguindo a herança de Ferenczi, outros psicanalistas pós-freudianos, entre os quais Winnicott, optaram por manter a importância dos aspectos reais do ambiente para os processos maturacionais do indivíduo. As inovações técnicas propostas por Ferenczi permitiram que ele pudesse vir a ser considerado o patrono de uma outra corrente de psicanálise, na medida em que suas idéias tiveram influência no desenvolvimento posterior do chamado Grupo Independente, como procurarei discutir na parte final deste capítulo.

Assim, é importante retomar o ponto de vista de Ferenczi a respeito do trauma. Ferenczi (1934) afirma que o traumatismo é precedido por um sentimento de segurança em si mesmo e na realidade circundante, o qual é abandonado por força dos eventos da realidade, gerando um estado de decepção e descrença ou, nos casos mais graves, um estado de choque e comoção psíquica. Ferenczi afirma que o comportamento do adulto de não acreditar na autenticidade do trauma é parte integrante do modo de ação psíquica do trauma.

De acordo com Ferenczi, o trauma gera uma sensação anestésica que conduz à suspensão da percepção e ao autodilaceramento da consciência. Este estado de comoção poderia ser superado caso houvesse uma transformação da realidade que eliminasse o agente nocivo. Ou, ainda, se houvesse a construção de uma representação psíquica que confiasse na vinda de uma situação futura mais favorável e que, portanto, pudesse funcionar como anestésico.

Contudo, se nenhuma das duas saídas são possíveis, o sujeito, no esforço de aplacar a angústia insuportável, entra em um estado de desorientação psíquica. A destruição da consciência torna-se necessária com o objetivo de manter algum tipo de preservação psíquica, na medida em que permite a libertação da angústia[6].

A desorientação psíquica funciona, de imediato, como válvula de escape. Posteriormente, a desorientação psíquica suspende a percepção do agente traumatizante e permite uma remodelação da realidade no nível do princípio do prazer. Por causa deste mecanismo,

---

6. Nesse ponto, não é possível deixar de reconhecer Winnicott (1960b, 1963) como herdeiro de Ferenczi, na medida em que o psicanalista inglês afirma a formação do falso *self* como tentativa de preservação do verdadeiro *self*.

uma das conseqüências do trauma é o temor do enlouquecimento, ou seja, a paralisação em um funcionamento próprio do princípio do prazer sem o desenvolvimento em direção ao princípio da realidade. Os efeitos do trauma impedem que o paciente seja capaz de sustentar relações objetais, lançando-o de volta a um estado narcisista. Esta classe de pacientes escapa de um contato adequado com a realidade, passando a viver num mundo criado para si mesmos. Portanto, a técnica psicanalítica clássica não pode alcançá-los. Ferenczi afirma que é apenas com reformulações técnicas estruturais que se torna possível ajudar o paciente em seu sofrimento. Assim, a metapsicologia do trauma apresentada por Ferenczi passa a ser de extrema importância para a reformulação da técnica psicanalítica clássica, com o objetivo de atender às necessidades de pacientes graves.

Dado o funcionamento do mecanismo do trauma, Ferenczi propõe uma revisão do livro de Freud (1900) *Interpretação dos sonhos* de maneira a favorecer a compreensão do evento traumático. Ferenczi propõe um posicionamento diferente do de Freud, ao afirmar que a função do sonho está relacionada ao próprio retorno dos restos diurnos, dado que isso conduz à possibilidade de experienciar novamente a cena traumática.

É importante destacar que Freud considerava o sonho como a via régia de acesso ao inconsciente. A posição de Ferenczi permite inferir que, ao trilhar este caminho privilegiado rumo ao inconsciente, nos deparamos com uma problemática relativa ao trauma. Ferenczi propõe, então, uma reformulação do clássico enunciado freudiano (**o sonho é uma realização de desejo**) para afirmar que o sonho é sempre uma busca de elaboração de experiências traumáticas (Ferenczi, 1934).

Interessa assinalar que Freud (1920), com o texto *Além do princípio do prazer*, reformula sua teoria a respeito do funcionamento do psiquismo, para incluir o mecanismo de compulsão à repetição. Freud conceitua a compulsão à repetição para dar conta do fenômeno dos sonhos de repetição de cenas traumáticas, encontrado, por exemplo, nos veteranos de guerra. A compulsão à repetição, segundo essa concepção, constitui uma tentativa de dominar a situação traumática. Freud, contudo, não atribui a mesma ênfase de Ferenczi à importância da catarse trazida pela (re)experiência da cena traumática na atualidade do *setting* analítico.

Ferenczi afirma que esse mecanismo não é uma simples compulsão à repetição, na medida em que se encontra ativo um mecanismo psicológico que busca a metabolização. É precisamente neste ponto que Ferenczi revela outra função para a análise dos sonhos e, portanto, para a prática psicanalítica: a de permitir vivenciar a experiência traumática.

Ao lado disso, de acordo com Ferenczi, a resolução do trauma só é alcançada quando este pode ser repetido em uma situação favorável, permitindo que seja levado pela primeira vez à percepção e à descarga motora. Ferenczi apresenta uma inovação técnica bastante controversa na história da psicanálise, ao pregar a necessidade de conduzir o paciente a um estado de transe, para investigar o evento traumático.

Além de incidir sobre o manejo do *setting*, as reformulações técnicas de Ferenczi transformam os próprios objetivos da análise, dado que ele passa a afirmar que o objetivo da análise é alcançar um acesso direto à experiência traumática. Assim, Ferenczi propõe um modelo de análise cuja função é a de propiciar ao paciente o retorno a um estágio anterior ao recalcamento, levando-o à perda do contato com o presente e à imersão total no passado traumático. O único elo entre o paciente imerso no transe e o mundo real é a pessoa do analista. O transe conduziria o paciente a um estado de libertação que, adverte Ferenczi, deve ser limitado para evitar problemas de ordem prática. Um dos problemas dessa natureza, apontado por Ferenczi, é o desejo do paciente em ter o analista continuamente ao seu lado e transformar a relação transferencial numa relação real e duradoura. Com isso, Ferenczi parece reconhecer algumas das turbulências transferenciais que experimentava com seus pacientes.

Devido ao postulado de um modelo de análise cuja função é a de propiciar ao paciente retornar a um estágio anterior ao recalcamento (levando-o à perda do contato com o presente e à imersão total no passado traumático), Ferenczi delega uma função mais sensível e menos interpretativa para o analista. Por não privilegiar a interpretação, Ferenczi nos convida a renunciar à posição daquele que sabe sobre as coisas e a ousar estar em contato com o paciente, mesmo que isso inclua manejos transferenciais bastante difíceis.

Sem perder de vista as críticas relativas às inovações técnicas de Ferenczi, principalmente no que diz respeito ao uso do transe hipnótico na sessão, não se pode deixar de salientar o quanto seu desenvolvimento teórico permitiu que a prática psicanalítica viesse a se modificar a partir das necessidades do paciente e, acima de tudo, levando em conta os possíveis elementos traumatogênicos da realidade.

É importante ressaltar que Ferenczi apresenta com detalhes o funcionamento metapsicológico do traumatismo para justificar a necessidade da inovação técnica. A função do analista, traduzida nos termos ferenczianos, seria a de acompanhar o paciente durante a revivência do trauma. Assim, a qualidade da relação transferencial é mais importante do que a interpretação. Ao acolher o paciente no momento em que ele repete a situação traumática na sessão, o analista busca reparar o passado do paciente. Ferenczi reconhece que o analista pode não ser capaz de exercer a mesma função que deveria ter sido oferecida ao paciente durante sua infância, contudo apenas o fato de o analista vir em sua ajuda poderia trazer ao paciente impulsos para a mudança, em direção a uma vida melhor.

Neste ponto não é possível deixar de notar a existência de uma herança ferencziana nas idéias que serão apresentadas posteriormente por Winnicott e por outros analistas do Grupo Independente, sobretudo no modo de considerar as necessidades do paciente e propor inovações técnicas ligadas a elas.

Da influência ferencziana

O chamado Grupo Independente[7], do qual Winnicott fazia parte ao lado de nomes como Fairbairn, Bowlby e Balint, insistiu na

---

7. Grupo que surgiu na Inglaterra por volta da década de 40, para escapar do embate travado por Melanie Klein e Anna Freud no monopólio do cenário psicanalítico. Este grupo inclui nomes como: Jones, Rickman, Strachey, Fairbain, Winnicott, Balint, Khan e Bowlby, dentre outros (Rayner, 1991).

importância de se levar em conta a existência de um fator traumático na etiologia de alguns tipos de psicopatologia, principalmente as consideradas mais graves. Esta forma de compreensão dos quadros psicopatológicos reflete uma tendência em levar em conta os fatores ambientais para a constituição do psiquismo. Penso que esta posição, abandonada pela tradição freudiana e recuperada por Ferenczi, encontrará em Winnicott a sua renovação.

Winnicott (1967a, p. 579) reconhece, em uma palestra a respeito do conjunto de sua obra realizada em janeiro de 1967, a possibilidade de ter recebido uma influência de Ferenczi, ao afirmar:

> "É bem possível que eu tenha tirado esta minha idéia original sobre a tendência anti-social e a esperança, as quais foram extremamente importantes para mim em minha prática clínica, de algum lugar. Eu nunca sei o que eu tirei dando uma olhada em Ferenczi, por exemplo, ou dando uma olhada em uma nota de rodapé de Freud".

Contudo, Winnicott não cita explicitamente[8] trabalhos de Ferenczi ao longo de sua obra. Ainda assim, é possível detectar certa influência das idéias do psicanalista húngaro na obra do psicanalista inglês.

Uma das possibilidades da transmissão das idéias de Ferenczi a Winnicott pode ter ocorrido via Balint, visto que este último freqüentemente faz referência à obra de Ferenczi e era bastante próximo de Winnicott. Ao pesquisar os livros que pertenceram à biblioteca de Winnicott, que foram doados à Sociedade Britânica de Psicanálise, é possível testemunhar a leitura que Winnicott fez de Balint, dado que alguns livros de sua autoria, tais como *Amor primário e técnica psicanalítica*[9] apresentam alguns grifos de Winnicott. Neste mesmo livro, Balint faz referência[10] aos textos *Análises de crianças com*

---

8. Isso pode estar relacionado ao próprio método de produção de conhecimento adotado por Winnicott, quando ele admite que tem dificuldade em atribuir o devido crédito à influência de outros autores em sua obra (Winnicott, 1945).
9. Balint, M. (1952) *Primary love and psycho-analytic technique*. London: Hogarth Press.
10. Balint, 1952, p. 164.

adultos[11] e *Confusão de língua entre os adultos e a criança*[12], ambos de autoria de Ferenczi. Há ainda, neste mesmo livro, uma referência em nota de rodapé feita por Balint[13] à apresentação do texto *Objetos e fenômenos transicionais* (Winnicott, 1951a) à Sociedade Britânica de Psicanálise, destacando a importância deste trabalho.

Além disso, Reverzy-Piguet (1985, citado por Haynal, 1988) afirma que a função de maternagem sugerida por Winnicott, tanto para a dupla mãe-bebê, quanto para o par analista-paciente, remete-nos a uma herança ferencziana. Ao comentar a opção de Ferenczi por um método psicanalítico mais próximo da experiência terapêutica do que de proposições de sistemas teóricos, o autor enfatiza estar em jogo em Ferenczi uma constante preocupação com a terapêutica, motivada pelo contato com o sofrimento e desamparo do outro, que produz um intenso desejo de curar.

Assim como havia acontecido com Freud, a maneira como Ferenczi compreende o problema do contato com a realidade conduz a uma modificação do modelo do sonho e conseqüentemente a transformações metapsicológicas e técnicas. Segundo Rayner (1991), esta tendência é observada ao longo da história da psicanálise no Grupo Independente. Estes analistas diferenciaram-se da proposta de Klein de atribuir a gênese do adoecimento ao combate travado pelas pulsões, determinadas de maneira inata no indivíduo, e passaram a atribuir a origem das patologias à qualidade das relações objetais reais. Tal proposta é inaugurada por Ferenczi ao questionar a técnica psicanalítica clássica e alterar radicalmente os meandros do campo transferencial. Ferenczi, ao contrário de Freud, mobiliza-se em defesa da manutenção, como foco de investigação psicanalítica, dos efeitos traumatogênicos de certa condição da realidade externa.

---

11. Ferenczi, S. (1931) Análises de crianças com adultos. In: *Sándor Ferenczi – Obras completas volume IV*. São Paulo: Martins Fontes, 1992.
12. Ferenczi, S. (1933) Confusão de língua entre os adultos e a criança. In: *Sándor Ferenczi – Obras completas volume IV*. São Paulo: Martins Fontes, 1992.
13. Balint, 1952, p. 263*n*.

Winnicott, sobretudo, acredita que a ocorrência de falhas ambientais no início da vida é relacionada à existência de patologias graves ou mesmo às fraturas no sentido de realização de aspectos do *self* individual. Dada a falha ambiental, determinados aspectos do *self* nem chegam a se constituir.

Penso que a teoria a respeito da técnica psicanalítica, apresentada por Winnicott, acaba por distanciar-se da proposta interpretativa de Freud, por alicerçar-se nos questionamentos delineados por Ferenczi a partir da análise de pacientes "difíceis", de pacientes que adoeceram em decorrência de uma situação traumática. Isso leva Winnicott (1954-5) a propor um agrupamento de três classes de pacientes, de acordo com o que cada uma delas exige do analista no tocante ao manejo técnico durante a condução da análise.

O primeiro grupo é composto pelos pacientes que se constituíram como pessoas totais e cujas dificuldades centram-se no plano das relações entre as pessoas. Para esses pacientes, afirma Winnicott, a psicanálise clássica de Freud é apropriada.

Em um segundo grupo, estão os pacientes que estão iniciando o processo de integração de amor e ódio e o reconhecimento da dependência que esta integração acarreta. A integração do paciente é mantida apenas precariamente e a problemática central é constituída de questões relativas a estados de humor. Winnicott recomenda a aplicação da técnica psicanalítica clássica. Contudo, complicações do manejo técnico poderão surgir. De acordo com Winnicott, um fator fundamental é a sobrevivência do analista como um fator dinâmico no campo transferencial. É esta sobrevivência que permite ao paciente percorrer o caminho rumo à integração de sua personalidade. Considerando o referencial kleiniano, pode-se afirmar que são pacientes às voltas com o estabelecimento da posição depressiva.

O terceiro grupo é constituído por pacientes congelados em um estágio primitivo do desenvolvimento emocional, em um período anterior ao estabelecimento da personalidade como uma unidade, devido à existência de falhas ambientais. A técnica psicanalítica clássica não dá conta desses pacientes, os quais exigem que o analista tenha uma atitude mais ativa em termos do manejo do *setting* analítico. Esses pacientes necessitam regredir ao momento inicial de desenvolvimento para que o processo da análise possa atender às necessidades próprias desse período, que não puderam ser atendidas no início da vida do indivíduo. Esta classe de pacientes apresentada por Winnicott assemelha-se à classe de pacientes que, segundo Ferenczi, foram vítimas de um acontecimento traumático.

Winnicott acredita que, para esta determinada classe de pacientes, o manejo da regressão tem uma função mais importante para o transcurso do tratamento do que a interpretação propriamente dita.

Ele discute o controvertido assunto de tocar o paciente durante a sessão, tendo como base a idéia de que o paciente regredido apresenta necessidades próprias de um período inicial do desenvolvimento. Segundo Winnicott, o toque teria a função de retomar a sustentação dada pela mãe durante o início do desenvolvimento. Tocar poderia ser, portanto, necessário no atendimento de pacientes que estão regredidos ou que se tornaram regredidos na relação transferencial. Para tanto, uma diferenciação entre desejo e necessidade torna-se indispensável. Winnicott afirma que, para o indivíduo regredido, instala-se uma problemática que se refere às necessidades do *self* que, se não atendidas, reproduzem a privação ambiental original.

O autor considera que levar em conta a força do evento traumático na etiologia do adoecimento psíquico exige a consideração dos aspectos relativos ao ambiente, na medida em que o trauma decorre da impossibilidade de o objeto em realizar sua função, durante um período em que existe um profundo estado de dependência do indivíduo com o ambiente.

A técnica interpretativa clássica não dá conta dessa classe de pacientes, inclusive porque não está estabelecida com segurança uma capacidade de comunicação, dado o déficit na simbolização. Winnicott afirma que a não comunicação do paciente pode ter um valor positivo que obriga o analista a reavaliar a própria técnica, questionando se esta permite que o paciente comunique o que ele não está comunicando. Isto altera a regra fundamental da psicanálise de "dizer tudo" (associação livre). Ele evidencia que a mãe/o analista deve respeitar a necessidade do *self* privado do bebê/paciente em não contar tudo e não comunicar. Essa consideração atribui novo valor aos silêncios existentes durante a sessão, deixando de atribuí-los à mera resistência do paciente para serem compreendidos como necessidades do *self.* Levando em conta as necessidades do *self* do paciente, Winnicott (1967b) reformula o objetivo da técnica psicanalítica ao afirmar que o mais importante não é fazer interpretações "inteligentes", mas sim devolver ao paciente aquilo que ele próprio traz à sessão, ou seja, sua própria subjetividade. Assim, a função do analista assemelha-se à função do rosto materno em devolver ao bebê o reflexo de sua subjetividade.

O modelo de Winnicott assemelha-se mais ao proposto por Ferenczi em propiciar que aspectos do *self* possam ser atualizados na análise pela primeira vez. A regressão aparece com destaque, nitidamente diferente do que Freud considerava como regressivo durante a atuação da neurose de transferência.

A regressão em psicanálise, segundo Winnicott (1954-5), deve ser considerada como um sofisticado mecanismo de defesa do ego, que permite retomar o desenvolvimento do verdadeiro *self.* Para o autor, a regressão é tão somente o inverso do progresso. Assim, a regressão significa a inversão do vetor do desenvolvimento com o objetivo de retomar o progresso do desenvolvimento.

A esperança de que o fracasso seja superado na relação analítica que se anuncia é o que propulsiona o mecanismo regressivo na busca de uma resolução favorável, impedida ou prejudicada pelo fracasso ambiental inicial. De acordo com Winnicott, é importante diferenciar a regressão que impulsiona o progresso da análise de outras organizações defensivas. Esta diferença sustenta-se na idéia de que o estado regressivo guarda em si a esperança de encontrar no ambiente os elementos que, ao oferecer uma adaptação adequada (embora atrasada) às necessidades do sujeito, poderiam vir a corrigir a experiência traumática.

Assim, a qualidade da técnica analítica passa a ser a de oferecer uma nova forma de relação, capaz de promover a retomada do curso do desenvolvimento. Winnicott postula a existência de um congelamento na situação de fracasso original, que depende de uma provisão ambiental adequada futura para que o curso do processo maturacional possa ser retomado. Diante da presença acolhedora do analista, a situação de congelamento pode vir a manifestar-se porque, como acredita Winnicott, desta vez o paciente não estará sozinho.

Neste ponto, não é possível deixar de notar a semelhança das idéias de Winnicott com as de Ferenczi, na medida em que esse último afirma que o objetivo da análise é o de propiciar a revivência do passado traumático do paciente. Para ilustrar seu ponto de vista, Ferenczi (1934) argumenta que no momento de fragmentação do psiquismo, em decorrência do trauma, uma parte do psiquismo mantém-se preservada, como se fosse um anjo da guarda que sai em busca de ajuda. É ainda essa parte do psiquismo que evita o suicídio. No entanto, esta função psíquica, ilustrada pela figura do anjo da guarda, pode vir a fraquejar em seu ofício caso novos traumatismos ocorram, principalmente na ausência de um amparo favorável na realidade.

É importante salientar que, ao lado da herança ferencziana, Winnicott sofre a influência de seus colegas do Grupo Independente. Esses analistas propõem tanto uma retomada do valor da realidade exterior para a constituição do psiquismo, quanto propostas de inovações técnicas baseadas no impacto do fator traumático para a gênese do adoecimento psíquico. Os analistas do Grupo Independente, embora possam variar em suas concepções, tenderam a considerar que a psicopatologia emerge das relações objetais reais traumatizantes do início da vida, as quais reaparecem no campo transferencial. Essa condição exige reorganização da técnica psicanalítica clássica. Tal posicionamento afastou o Grupo Independente da teoria kleiniana[14],

---

14. Rayner (1991) reconhece que autores kleinianos contemporâneos relativizam a influência do ambiente, atribuindo uma maior participação deste para a formação do psiquismo. Além disso, se considerarmos a teoria desenvolvida por Bion como uma corrente neo-kleiniana, é possível apreender a retomada da importância do ambiente em suas idéias a respeito da relação entre a mãe e o bebê.

que relaciona as patologias aos conflitos travados entre as pulsões, presentes de maneira inata no indivíduo. Para o Grupo Independente, a qualidade da relação estabelecida pelo bebê com as figuras parentais reais é determinante para o desenvolvimento emocional satisfatório.

Outra questão que passa a caracterizar o Grupo Independente é a tendência para inovações técnicas com o objetivo de atender às necessidades dos pacientes mais regredidos, justamente aquele grupo de pacientes que sofreram alguma forma de privação ambiental. Haynal (1988) afirma ter sido Winnicott, ao lado de Balint e Paula Heimann, dentre outros, um dos grandes herdeiros da preocupação inaugurada por Ferenczi de empreender transformações técnicas de acordo com as necessidades do paciente. Apesar de a psicanálise, desde Freud, reconhecer o caráter regressivo atuante na neurose transferencial, o que essa escola de analistas vai enfatizar é a existência de necessidades específicas para uma classe de pacientes que se encontram regredidos a uma fase inicial do desenvolvimento.

No tocante à técnica, Rayner (1991) afirma haver uma aproximação do Grupo Independente com a técnica psicanalítica clássica, na medida em que se propõe a aguardar o estabelecimento de uma aliança terapêutica no campo transferencial antes de oferecer interpretações formais. Um modelo, portanto, diferente do estabelecido por Klein. Por outro lado, a aproximação com Klein dá-se na importância atribuída aos fenômenos contratransferenciais. Contudo, se para Klein a contratransferência é resultante dos interjogos dos mecanismos projetivos do paciente, para o Grupo Independente os sentimentos do analista são decorrentes das experiências vividas com o paciente. Essas questões são importantes na medida em que reaparecem na obra de Winnicott no que diz respeito à técnica psicanalítica.

Haynal (2002) também demonstra de maneira detalhada como as idéias desenvolvidas por Ferenczi foram de fundamental importância para o desenvolvimento das escolas de psicanálise pós-freudianas e contemporâneas, principalmente entre os analistas do Grupo Independente. Além disso, Haynal afirma ser possível reconhecer que alguns temas desenvolvidos posteriormente por Winnicott – tais como a ênfase na personalidade do cuidador, o uso da regressão à dependência na técnica terapêutica, os conceitos de verdadeiro e falso *self* – haviam sido antecipados por Ferenczi. A posição de Winnicott, contrária aos dogmatismos, também aponta para uma herança ferencziana.

Haynal afirma, ainda, que mesmo o conceito de **objetos transicionais** já havia sido antecipado por Ferenczi, como pode ser visto no trecho a seguir, no qual o autor (1928, p. 67) discute a adaptação da família à criança:

> "A tendência natural do bebê é amar a si mesmo e a todas as coisas as quais ele considera como partes dele; seus excrementos são realmente parte dele, alguma coisa transicional entre ele e seu ambiente (...)"

Contudo, Winnicott apresenta um desenvolvimento mais complexo a respeito deste tema. Esta teoria pode ser considerada como uma das contribuições mais originais do autor ao campo da psicanálise.

Uma nova maneira de conceber o contato com a realidade: a importância do conceito de transicionalidade

A originalidade de Winnicott já podia ser atestada por volta da década de 40, ocasião em que o então pediatra protagonizou uma série de transmissões de rádio na Inglaterra, dirigida aos pais, com base no que pôde observar em sua extensa prática clínica no Paddington Green Hospital. A importância de tais apresentações reside no fato de elas não se caracterizarem como *orientações*, nem tampouco como *receitas* de como promover o desenvolvimento de seu filho, mas sim como informativos a respeito do processo maturacional normal que pudessem ser utilizados pelos pais para detectar e prevenir distúrbios futuros. Winnicott acreditava que o conhecimento dessas informações poderia conduzir a uma adaptação adequada dos pais às necessidades inerentes a cada momento do desenvolvimento de seus filhos. Interessava a Winnicott resgatar e valorizar o potencial da família para promover o desenvolvimento maturacional do indivíduo. Winnicott estava atento ao fato de que a propagação dos cuidados técnicos e profissionais ao bebê e/ou à criança intervinha, de certa forma, *entre* a família e a criança, nem sempre trazendo resultados positivos. Winnicott (1964) parecia intuir que algo especial ocorria no espaço *entre* a mãe e o bebê; intuição que o levou à afirmação, sem dúvida original no meio pediátrico, de que os médicos não deveriam colocar-se *entre* a mãe e o bebê.

É esta teoria original a respeito do contato com a realidade que conduz Winnicott a propor novos modelos de compreensão para o sonho, para a constituição do psiquismo e, conseqüentemente, para a proposta terapêutica.

O tema da transicionalidade pode ser apreendido em uma referência ao fenômeno do sonho em uma carta de Winnicott (1960c) endereçada a Bion em novembro de 1960. Winnicott interroga Bion a respeito do seu texto *Uma teoria de funções*, ao perguntar se ele considera que os psicóticos tiveram a capacidade de sonhar e a perderam, ou se eles nunca alcançaram este espaço intermediário entre a realidade psíquica e a realidade externa.

A questão levantada por Winnicott (1960c, p. 131) nos permite inferir que o autor situa o sonho *"entre a realidade psíquica e a realidade externa"*. Winnicott acrescenta que, caso se considere que os pacientes psicóticos teriam tido a capacidade de sonhar e a perderam, deveríamos aceitar que esses pacientes possuem memórias de sonhos, o que faria diferença na compreensão da psicose.

É importante ressaltar que, desde Freud (1900), o modelo de topografia psíquica é de extrema relevância para a compreensão do fenômeno do sonho. Winnicott propõe uma organização topológica bastante diferente da freudiana para pensar esse fenômeno, na medida em que situa o sonho em um espaço intermediário entre o indivíduo e o ambiente. A modificação apresentada por Winnicott influencia tanto seu entendimento a respeito dos quadros psicopatológicos quanto da técnica psicanalítica.

Ao lado disso, o modo como Winnicott concebe o processo maturacional primitivo é de fundamental importância para acompanhar os avanços decorrentes da teoria dos **objetos e fenômenos transicionais**. Winnicott (1945) postula a existência no indivíduo de um estado original de não-integração que, ajudado pela técnica de cuidado oferecida pelo ambiente e pelas experiências instintuais no interior do próprio indivíduo, darão origem a núcleo organizado. Esse fenômeno de não-integração difere-se do fenômeno de desintegração – que pode ser observado em eventuais quadros patológicos posteriores – na medida em que se constitui como o momento inicial normal do processo maturacional. A não-integração precede a integração, ao passo que a desintegração é resultante de uma quebra do estado de integração.

Winnicott afirma que há períodos de tempo na vida normal do bebê durante os quais ele não se importa se está em pedaços ou em uma única unidade; ou ainda, se ele sente habitar o corpo de sua mãe ou seu próprio corpo, desde que, de tempos em tempos, ele possa sentir-se uno. Isso conduz o autor à compreensão de que a não-integração não se constitui como um estado assustador, na medida em que remonta a um período normal do processo maturacional.

Contudo, a desintegração é experimentada pelo sujeito como assustadora. Assim, Winnicott também situa o fenômeno da desintegração no campo da psicose. Entretanto, o autor não considera a experiência de alguns momentos de não-integração como psicopatológica. A experiência de momentos furtivos de não-integração pode reconectar o sujeito a um período primitivo do processo maturacional. Esta compreensão é baseada na relutância apresentada por Winnicott em conceituar como saudável a manutenção ininterrupta de um estado integrado. Este ponto é também de extrema importância para a clínica, na medida em que Winnicott denuncia um aspecto sintomático e reativo existente em uma contínua sanidade.

Tendo em vista o curso do processo maturacional, admitidas a integração e a personalização, o marco seguinte do processo maturacional diz respeito à capacidade de adaptação e reconhecimento do que pertence à realidade. Winnicott denomina esta conquista como realização. Contudo, ele acredita que, mesmo depois de estabelecida essa capacidade com segurança, são fundamentais ao longo da vida os momentos de trégua no constante esforço empreendido pelo indivíduo para reconhecer a realidade e diferenciá-la do mundo de fantasia. Esses momentos de trégua têm sua origem na **experiência de ilusão**, momento em que o *self* do bebê e o ambiente estão superpostos. Esta fase é fundamental para a posterior constituição da capacidade de discriminar o que pertence ao bebê do que pertence ao ambiente. É importante ressaltar que, em referência à experiência de ilusão, Winnicott não fala em ego. Nesta experiência, trata-se da sobreposição entre o *self* do bebê e o ambiente.

Freud (1930), por sua vez, acredita que fraturas na fronteira entre ego e realidade constituem um fenômeno do campo da patologia. Freud sintetiza este fenômeno em sua discussão sobre o **sentimento oceânico**, que supõe a existência, no início da vida, de um estado no qual o ego mantém-se indiferenciado do mundo exterior. Ao longo do desenvolvimento do indivíduo, sob a égide do princípio da realidade, o ego teria condições de manter-se discriminado da realidade externa. As fissuras na fronteira do ego passam a ser consideradas como patológicas. Para Freud, a diferenciação entre o ego e a realidade constitui um importante passo do desenvolvimento que, caso estejamos alheios ao campo da psicopatologia, deverá revelar-se dominante ao longo da vida. A psicopatologia pode manifestar-se tanto na esfera individual, como comprova a psicose, quanto na esfera relativa aos fenômenos sociais ou de grupos, como se observa na obediência a um ditador.

Ao cunhar o conceito de **experiência de ilusão**, Winnicott procura sintetizar o momento em que existe uma trégua no teste de realidade, um descanso na tentativa de manter o *self* separado do ambiente. Esse momento desempenha um papel fundamental para o processo maturacional do indivíduo. Além disso, é a manutenção desse estado que permite a fruição no campo das artes e da religião. Vê-se que o posicionamento de Winnicott difere do ponto de vista de Freud (sobretudo no que diz respeito à discussão sobre o papel da religião). É importante destacar que, durante a experiência de ilusão, não se trata de perda de fronteira do *self* em relação ao ambiente, mas sim de uma possibilidade de justaposição entre *self* e ambiente, dando origem a um terceiro espaço. Este espaço não pode ser reduzido exclusivamente nem ao ambiente, nem tampouco ao *self*. A falta de fronteira, apontada por Freud, parece resultar em um fenômeno no qual o ego se perde no ambiente, sem poder discriminar-se e sem, tampouco, dar origem a um novo espaço. A diferença entre os dois autores é ilustrada nos seguintes diagramas:

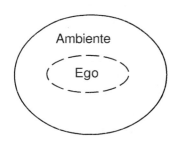

Figura 1– Modelo de Winnicott   *Figura 2– Modelo de Freud*

Winnicott, portanto, afirma que a natureza humana não pode ser satisfatoriamente compreendida a partir de um enunciado duplo: o da existência de uma realidade psíquica que se relaciona com a realidade exterior. Para ele, da relação entre estes dois pólos surge uma terceira área de experiência, na qual ambos os pólos exercem influência e acabam também por se modificar. Winnicott procura, assim, superar uma concepção centrada na idéia de uma oposição dualista entre realidade externa e realidade psíquica.

Esta terceira área constitui a representação espacial dos objetos e fenômenos transicionais, e figura como um ponto central para a compreensão de questões fundamentais da teoria e da prática psicanalítica. Esta teorização, tendo sido apresentada por Winnicott em 1951, pode ser considerada como uma das contribuições mais inovadoras do autor para o cenário psicanalítico.

Winnicott (1951b) denomina esta área intermediária como uma área de experiência que não pode ser atribuída exclusivamente nem à realidade interna, nem à realidade externa (ou compartilhada). Por mais que este campo de experiência constitua-se como a maior parte das vivências do bebê, ele não se restringe a este período do desenvolvimento, dado que, durante a vida adulta, esta área intermediária é conservada, por exemplo, na experiência criativa, no campo das artes e da religião.

Com a teoria dos objetos e fenômenos transicionais, Winnicott apresenta uma possibilidade teórica na qual, estabelecido o paradoxo, passa a ser possível abandonar as equações consagradas:

- psíquico = interno
- ambiente = externo

Assim, um novo campo de investigação coloca-se ao alcance da psicanálise, a qual pode passar a pensar diferentes fenômenos clínicos como, por exemplo, os fenômenos dissociativos, de uma nova forma. Penso que a teoria dos objetos e fenômenos transicionais, ao problematizar a relação do indivíduo com as dimensões espaciais e temporais da realidade, oferece uma nova concepção a respeito da ancoragem do sujeito na realidade e do trabalho do luto.

Nos próximos capítulos, apresentarei duas importantes dimensões da teoria dos objetos e fenômenos transicionais: uma dimensão espacial e outra temporal. A discussão sobre a **dimensão espacial** da teoria dos fenômenos transicionais será feita a partir dos processos que permitem o estabelecimento de uma ancoragem saudável na realidade. O modelo do trabalho do luto, por sua vez, será utilizado como protótipo para discutir a **dimensão temporal** dos fenômenos transicionais. Estas duas dimensões, espaço e tempo, foram privilegiadas, na medida em que elas representam as duas unidades fundamentais do homem em sua experiência dos sentidos de realidade. Ao lado disso, o interesse por investigar o trabalho do luto é derivado da minha experiência clínica adquirida no atendimento psicoterapêutico de crianças com doenças graves. O progresso do trabalho do luto é de extrema importância para garantir não apenas a adesão ao tratamento, como também a manutenção de um estado emocional saudável, o que será discutido nas considerações finais deste livro. Contudo, antes de discutir a teoria dos objetos e fenômenos transicionais mais detalhadamente, considero ser importante apresentar no capítulo a seguir as idéias de Winnicott precursoras de sua teoria sobre a transicionalidade.

Capítulo 2
Winnicott e uma teoria do desenvolvimento emocional primitivo precursora dos objetos e fenômenos transicionais

Primeiras aproximações da pediatria à psicanálise

O primeiro livro publicado por Winnicott (1931), *Notas clínicas sobre os distúrbios da infância,* testemunha o crescente interesse do então jovem pediatra pela psicanálise, que pode ser ilustrado tanto pela tentativa de relacionar o adoecimento orgânico com a organização psicológica, quanto pelo agradecimento endereçado a Freud.

O contato de Winnicott[15] com a psicanálise data de 1924, ocasião em que ele dá início a um tratamento psicanalítico com James Strachey, que teve a extensa duração de quase dez anos. Em 1927 Winnicott inicia a formação em psicanálise na Sociedade Britânica de Psicanálise e torna-se o primeiro homem a qualificar-se como psicanalista infantil. Strachey foi ainda responsável por encorajá-lo a estabelecer um contato com Melanie Klein, dado o seu interesse em aplicar o conhecimento psicanalítico no atendimento a pacientes da clínica pediátrica (Kahr, 1996).

O primeiro livro de Winnicott faz parte de uma série destinada ao clínico geral[16], com o objetivo de discutir assuntos de importância para a prática médica cotidiana. Ele endereça seu conhecimento a

---

15. Winnicott já havia encaminhado sua primeira mulher para realizar um tratamento psicanalítico com Dr. Clifford Scott (Kahr, 1996).
16. Do original em inglês *General Practioner.*

um profissional que ocupa função primordial no sistema de saúde pública do Reino Unido, porquanto constitui a porta de entrada para toda a rede de assistência médica[17]. Assim, tem a seu dispor um importante receptor para a posterior difusão das idéias da psicanálise. Winnicott acredita, ainda, que este profissional pode beneficiar-se do conhecimento psicanalítico para realizar um diagnóstico diferencial.

Ele reconhece que, durante o ensino médico, é privilegiado o ensino de doenças graves e raras que, em regra, não são representativas do que confrontará o médico em sua prática cotidiana. Para Winnicott (1931, p.1), muitos pacientes que o médico recém-formado encontrará *"não têm nada de errado"* ou são *"neuróticos"*. Diante desses quadros, o clínico geral queixa-se do fato de não terem sido a ele ensinados sintomas e distúrbios comuns durante o período de aprendizagem em que esteve residente no hospital-escola.

Winnicott justifica que isso acontece tanto porque os professores dentro do hospital-escola são especialistas e, portanto, não lhes é familiar tal demanda, quanto pelo fato de pouco se saber a respeito das doenças ditas comuns.

Com o objetivo de suprir a lacuna no aprendizado do clínico geral, Winnicott desenvolve seu livro com os seguintes tópicos, dentre outros: exame físico; artrite associada a distúrbio emocional; normalidade e ansiedade; tratamento da ansiedade; os pais e a informação sexual; doenças do sistema nervoso; distúrbios mictórios; masturbação; distúrbios da fala e gagueira.

Como se observará mais tarde nas publicações psicanalíticas, Winnicott posiciona-se mais como clínico do que como pesquisador, e disso decorre, segundo sua própria apreciação, tanto os méritos quanto as possíveis deficiências de seu livro.

---

17. Todo cidadão britânico registra-se no *General Practioner* (GP) próximo ao seu local de residência para receber atendimento médico gratuito. Cada GP torna-se, assim, responsável por um número de clientes e passará a ser consultado em primeiro lugar pelo paciente, seja qual for o seu sintoma. Cabe ao GP encaminhar o paciente para consultas com especialistas ou para realização de exames.

A afirmação de Winnicott parece ser uma descrição acurada do estilo adotado pelo autor em sua produção psicanalítica posterior, haja vista que mesmo as formulações psicanalíticas mais complexas derivaram de uma observação atenta e extremamente sensível do *setting* e da técnica clínica, combinadas com a liberdade e a criatividade do pensamento do autor. Penso que foi justamente a necessidade de buscar novas respostas aos enigmas da prática que aproximou o jovem pediatra da psicanálise[18].

Ao lado disso, a carreira de Winnicott como pediatra abasteceu-o de uma rica experiência clínica, que se revelou a base para o desenvolvimento teórico psicanalítico posterior. É importante ressaltar que, naquele período, psicanálise e pediatria não dialogavam tão freqüentemente.

Embora, em 1931, Winnicott seja cauteloso ao apresentar as possíveis associações entre os fatores inconscientes e o adoecimento infantil, já se observam as sementes do seu complexo desenvolvimento teórico. Ao lado disso, algumas características, predominantes nas explorações psicanalíticas posteriores, parecem latentes em suas investigações no campo da pediatria.

Julgo tais características serem:

- o permanente interesse pela dupla mãe-bebê;
- o método de produção de conhecimento, que parte do que foi observado na prática clínica para a posterior elaboração teórica;
- a susceptibilidade à modificação da técnica terapêutica, de acordo com a necessidade do paciente;
- o interesse e a subseqüente associação entre os fenômenos culturais e religiosos aos fenômenos maturacionais individuais relacionados à primeira infância.

---

18. Kahr (1996) faz algumas inferências de dados biográficos, como o fato de a primeira mulher de Winnicott sofrer de grave distúrbio psicológico, e ainda, a depressão de sua mãe como possíveis motivos para também atraí-lo para a psicanálise.

Winnicott reconhece que o desenvolvimento emocional é uma tarefa complicada que, com freqüência, não pode ser realizada completa ou satisfatoriamente. Winnicott diferencia a existência de uma doença física da manifestação de um sintoma, ao afirmar que embora uma grande parte das doenças tenha sido compreendida satisfatoriamente, muitos sintomas continuam obscuros (salvo aqueles diretamente relacionados a doenças físicas). Isso acontece porque muitos sintomas são decorrentes de distúrbios do desenvolvimento emocional, ao passo que as doenças têm uma base física. Assim, o pediatra encontra-se mais instrumentalizado para enfrentar as doenças, enquanto os sintomas continuam por constituir-se como um mistério.

São também as dificuldades emocionais que estão por trás do fenômeno, observado com freqüência no consultório pediátrico, de que muitos dos sintomas dos quais as mães se queixam sobre seus filhos são, em geral, manifestações de ansiedade. Portanto, Winnicott defende a idéia de que a compreensão dos mecanismos do desenvolvimento emocional poderá conduzir a uma terapêutica mais adequada.

Tendo em vista o campo da pediatria por volta de 1931, Winnicott reconhece que um importante passo no desenvolvimento do pensamento sobre o adoecimento infantil foi dado quando seu fator neurológico foi reconhecido. A partir de pesquisas norte-americanas da época, um passo posterior foi dado com o reconhecimento da natureza puramente psicológica dos mecanismos que estão por trás de alguns sintomas, com ênfase, entretanto, no ambiente.

Contudo, o último passo, de acordo com Winnicott tinha sido descoberto há pouco tempo, graças à psicanálise. Este avanço refere-se ao reconhecimento da motivação interna (ou psicológica) por trás de certos sintomas. Segundo essa perspectiva, o ambiente tem uma importância secundária no incremento ou diminuição de, por exemplo, um sentimento de culpa ou ansiedade preexistente.

É importante destacar que esta afirmação de Winnicott vem contrapor-se às pesquisas norte-americanas da época que, em 1931, embora estivessem conscientes da natureza puramente psicológica dos mecanismos que estão por trás dos sintomas, atribuíam suas causas a fatores ambientais. Esta perspectiva norte-americana da época levava às conclusões, por exemplo, de que a criança não estaria bem porque sua família é difícil, ou seu professor é muito exigente. Estabelecia-se, assim, uma relação de causa e efeito entre os fatores ambientais e a sintomatologia da criança.

Ao buscar a causa interna e puramente psicológica, Winnicott preocupa-se em dirigir o foco da investigação para o funcionamento psíquico da própria criança. É preciso compreender este posicionamento levando em conta o momento histórico em que ele é pronunciado, na medida em que o autor esforça-se em fundar um campo de pesquisa em relação à infância que leve em conta a dinâmica psíquica da criança. Assim, apesar de reconhecer que os pais interferem na vida das crianças, de acordo com o grau de suas próprias dificuldades psicológicas, Winnicott chama a atenção para a necessidade de que o atendimento e pesquisa dos distúrbios psicológicos da infância tenham como foco o mundo psíquico da própria criança. Ele sustenta seu argumento com a afirmação de que os conflitos inconscientes podem levar a distúrbios físicos.

Este posicionamento atesta, ainda, a influência do pensamento de Klein no início de sua obra. Ao longo de seu livro, Winnicott faz diversas referências ao trabalho pioneiro de Melanie Klein, como por exemplo, ao apontar a relevância de seu livro *Psicanálise de crianças* (Klein, 1932), para a compreensão dos casos de ansiedade.

O autor, então jovem pediatra, parece entusiasmar-se com a análise conduzida por Klein (1930) de um menino de quatro anos, ao reconhecer que o tratamento psicanalítico levou a resultados interessantes e que, com o progresso do tratamento, o paciente estaria alcançando o que seria considerado normal para a sua idade.

Ao lado disso, o interesse pelo desenvolvimento kleiniano aparece no papel primordial atribuído à fantasia inconsciente para o adoecimento psíquico. Winnicott salienta a importância de se levar em conta a fantasia que acompanha as sensações corporais para compreender, por exemplo, distúrbios como a constipação. Ao abordar o tema da curiosidade sexual das crianças, ele chama a atenção para o papel do sentimento inconsciente de culpa e da agressividade para o incremento da ansiedade, temas amplamente discutidos por Klein. A proximidade com o grupo kleiniano também é ilustrada na referência ao trabalho de Susan Isaacs (1930), sobre o uso de exemplos da zoologia na educação sexual de crianças.

Contudo, a teoria de Klein não é a única a influenciar a obra de Winnicott desta época, dado que ao longo de seu livro ele faz menção ao desenvolvimento psicossexual da criança e do adolescente a partir das idéias de Freud (1905) apresentadas em *Três ensaios sobre a teoria da sexualidade*. Outra influência freudiana remete à discussão da masturbação, em que ressalta a importância de se levar em conta o sentimento inconsciente presente, o complexo de castração e o complexo de Édipo.

É sobretudo nas idéias de Freud que Winnicott apóia-se, ao apresentar a importância do período entre um e cinco anos para a formação do indivíduo, o qual se caracteriza como o núcleo das psiconeuroses. Outra menção, que deve ser levada em conta, diz respeito a uma passagem na qual reconhece a importância da obra de Freud para demonstrar a relação entre os sentimentos dos primeiros anos de vida com os fenômenos da arte, do folclore e das religiões. Penso que esta passagem testemunha o fato de Winnicott demonstrar, desde cedo, um interesse em compreender os fenômenos culturais e religiosos a partir da ótica da psicanálise. Uma das idéias mais originais do autor no campo da psicanálise, a teoria dos objetos e fenômenos transicionais, contribui de maneira exemplar para o estudo deste tema.

As idéias apresentadas acima descrevem sucintamente as principais aproximações entre pediatria e psicanálise realizadas por Winnicott por volta de 1931, data da publicação de seu primeiro livro *Notas clínicas sobre os distúrbios da infância*. Este livro atesta o quanto as idéias de Freud e Klein tiveram influência no pensamento do autor. Contudo, com o amadurecimento de seu percurso como psicanalista, Winnicott apresenta momentos de maior afastamento em relação a tais idéias.

Se pensarmos nos termos próprios da teoria winnicottiana, pode-se pensar que o autor, ao entrar em contato com o campo psicanalítico, encontrou uma rica *provisão ambiental* nas obras de Freud e Klein, tendo sido capaz, posteriormente, de criar uma produção de conhecimento original. Esta produção original baseia-se, em grande parte, na teoria sobre o desenvolvimento emocional primitivo, que examinarei a seguir.

Para aquém do Édipo: a importância de uma teoria sobre o desenvolvimento emocional primitivo

Winnicott pode ser considerado um dos autores que mais se dedicou a descrever os processos que se desenrolam na dupla mãe-bebê, bem como sua fundamental importância para o desenvolvimento maturacional do indivíduo. Da observação da dupla mãe-bebê, ele formula a teoria dos objetos e fenômenos transicionais. Winnicott posiciona-se em um *terceiro* lugar para observar um fenômeno que não se passa na mãe, tampouco na criança, mas sim entre os dois durante um período bastante precoce do processo maturacional. Ele foi capaz de descrever uma outra espécie de fenômeno que se desenrolava entre a mãe e o bebê que, embora relativo a um terceiro, em nada se assimilava ao *Édipo*.

Classicamente, nas diversas escolas psicanalíticas, a experiência do complexo de Édipo situa-se no centro da constituição psíquica. As possíveis soluções do complexo guiaram o desenvolvimento da psicopatologia psicanalítica e, em decorrência disso, da própria técnica.

Melanie Klein contribuiu para que se adotasse a idéia de que mesmo nos quadros mais graves, associados à ocorrência de distúrbios em um período inicial do desenvolvimento, estaria em atuação uma problemática vinculada à situação edípica. Esta compreensão é sustentada por Klein (1945) a partir da postulação da situação edípica em ação em um momento bastante precoce na história do indivíduo. De acordo com a autora, a influência do *Édipo* inicia-se no primeiro ano de vida.

Winnicott (1971a) propõe a existência de um outro modelo de *terceiro* atuante no processo maturacional do indivíduo, anteriormente à incidência do complexo de Édipo. Penso que esta organização primitiva de terceiro é fundada no conceito de transicionalidade, como procurarei discutir a seguir.

Além disso, o modelo de corte apresentado por Winnicott também possui uma grande dose de originalidade. Para ele, a criança não sai da simbiose com a mãe pela ação de um corte executado por um terceiro (modelo da função paterna, atuante no complexo de Édipo). Sem negar a incidência do complexo do Édipo em um período posterior do desenvolvimento, Winnicott oferece outra versão para compreender a maneira como a criança pode vir a separar-se da mãe em um período inicial do desenvolvimento.

Esta versão winnicottiana é a idéia de que a criança, dados os cuidados maternos iniciais, é capaz de criar um terceiro com o qual pode construir uma relação criativa que lhe permita, ao mesmo tempo, afastar-se de sua mãe e aproximar-se da realidade e, paradoxalmente, expressar seu próprio *self*. A apreciação da realidade, segundo este modelo, não acarretaria prejuízo à expressividade plena do *self*. Decorre daí uma compreensão original, em psicanálise, de uma maneira de se relacionar criativamente com o ambiente e, ao mesmo tempo, autenticamente com o próprio *self*. Esta teoria traz contribuições não apenas para compreender o campo psicanalítico, mas também o campo cultural.

Winnicott não exige da realidade uma função castradora para que esta seja levada em conta. É justamente porque o bebê recebeu os cuidados da mãe e é, posteriormente, conduzido por ela a um processo progressivo de desilusão, que ele se torna capaz de alcançar um maior grau de independência em relação a ela, aceitando a realidade compartilhada e reconhecendo tanto sua própria subjetividade quanto a do outro.

Segundo essa perspectiva, Winnicott tampouco exige constrangimento do *self* para que a realidade seja levada em conta, tendo em vista que, quando há a possibilidade do desenvolvimento maturacional saudável e, conseqüentemente, do desenvolvimento da capacidade relativa aos fenômenos transicionais, o *self* está verdadeiramente presente.

A relevância do conceito de transicionalidade para o campo da psicanálise é reiterada por Green (2000a), que propõe uma leitura enriquecedora da teoria de Winnicott na atualidade. Para tanto, Green relembra que os conceitos freudianos são descritos majoritariamente em termos de dualidades opostas umas às outras. Freud continuamente combateu o monismo pulsional, privilegiando a manutenção do dualismo pulsional ao longo de toda a sua obra. As teorias das pulsões, embora tenham sofrido modificações fundamentais, constituíram-se, com estabilidade ao longo de toda a obra, de descrições que opunham uma pulsão à outra: seja pulsão sexual *versus* pulsão de preservação do ego, seja, mais tarde, pulsão de vida *versus* pulsão de morte. Green destaca ainda que a manutenção do dualismo não é observada apenas no que se refere às pulsões. Também os processos psíquicos, as modalidades de repressão e as fantasias são descritos em termos duais, ou seja, em termos de um funcionamento primário *versus* um funcionamento secundário.

Green afirma existirem apenas duas exceções na obra de Freud. No momento em que Freud refere-se a estruturas complexas, assinala Green (2000a, p. 43), como o aparelho psíquico e o complexo de Édipo, uma *"terceriedade faz-se necessária"*. Para compreender tais fenômenos complexos, Green dirige-se à obra de Winnicott, na medida em que o psicanalista inglês foi, sem dúvida, a grande referência na descrição dos fenômenos relativos à *terceriedade*, a partir do conceito de **transicionalidade**.

Além disso, entendo que resgatar a teoria construída por Winnicott é de grande importância para se considerar fenômenos atuais da clínica psicanalítica. Como argumenta Safra (1999), a clínica contemporânea exige constante revisão teórica e técnica, com o intuito de dar conta do sofrimento psíquico próprio da modernidade. No momento em que Freud inaugura a clínica psicanalítica, o quadro psicopatológico clássico era a histeria, o qual demandava decodificação do desejo inconsciente. Contudo, aguardar a manifestação do desejo inconsciente, por intermédio de deslocamento, recalque ou condensação, não dá conta da demanda específica à clínica contemporânea. Segundo Safra, nos dias de hoje, vê-se uma crescente demanda de pacientes que sequer começaram a existir como sujeitos; assim, é preciso que estas pessoas possam, primeiro, vir a se constituir como sujeitos, para então passarem a estar às voltas com as turbulências relativas ao desejo.

Dessa forma, a característica das patologias próprias da atualidade relaciona-se a falhas ocorridas em um período bastante primitivo do processo maturacional do indivíduo, momento em que se trata de atender às necessidades do *self* para que este possa vir a se desenvolver. Assim, de acordo com Winnicott (1954a), se a técnica de cuidado oferecida ao bebê no momento inicial falhar, esta falência será em relação ao atendimento das necessidades do bebê (e não aos desejos), levando, portanto, a um distúrbio em sua constituição como sujeito, afetando a continuidade de seu desenvolvimento individual. Em um momento mais posterior do processo maturacional, quando já houver um desenvolvimento satisfatório do indivíduo, as possíveis falhas ambientais podem não ter efeitos tão danosos ao sujeito, visto que podem referir-se à frustração de seus desejos.

Faço menção à importância do conceito de transicionalidade, com o objetivo de demonstrar que Winnicott propõe uma teoria que não confere à **função paterna** um efeito fundante do psiquismo. Esta diferença baseia-se na maneira como o autor concebe o desenvolvimento emocional primitivo. Para tanto, penso ser importante recorrer às discussões apresentadas por Winnicott (1988) no livro *Natureza humana*.

Com o objetivo de favorecer a transmissão de suas idéias, Winnicott divide o processo maturacional do indivíduo em estágios. O autor reconhece que esta divisão constitui uma ferramenta artificial com finalidades didáticas que, contudo, não corresponde à exata realidade. Mesmo que algum estágio possa ser reconhecido como dominante, a criança está, de fato, em todos os estágios durante todo o tempo.

Além disso, ao expor suas idéias sobre o processo maturacional do indivíduo, Winnicott evita seguir uma ordem cronológica. O autor justifica esta opção por acreditar que respeitar a cronologia dos processos maturacionais e iniciar a discussão com o desenvolvimento emocional primitivo significaria começar com o que é mais obscuro, para apenas depois alcançar o que faz parte de um conhecimento já adquirido. Por esta razão, Winnicott escolhe começar sua discussão com a fase denominada por ele de *primeira maturidade*. Nesse estágio, as relações interpessoais já possuem para a criança um significado pleno e ela está, portanto, às voltas com o drama relativo ao complexo de Édipo.

Winnicott justifica esta opção por poder contar com certo conhecimento dessa fase por parte de seus leitores, dada a difusão das idéias de Freud a respeito da maneira como a doença neurótica do adulto está relacionada às experiências ocorridas durante esta fase da infância. Winnicott apresenta, portanto, inicialmente a fase relativa aos 2-5 anos de idade, para seguir retroativamente em direção aos períodos mais primitivos do desenvolvimento. Contudo, é esta fase primitiva da vida emocional que será o foco da investigação, com o objetivo de postular como se desenvolve no bebê o sentido de unidade e a relação com um primeiro outro (processos descritos por Winnicott em sua teoria a respeito do desenvolvimento emocional primitivo).

O livro *Natureza humana*[19] é uma tentativa de integração do conjunto de seu conhecimento a respeito dos processos maturacionais

---

19. Este livro, tendo sido publicado postumamente, foi elaborado com o objetivo de prover aos alunos um material escrito do curso *Desenvolvimento e crescimento humano* ministrado por Winnicott, a pedido de Susan Isaacs, durante mais de 30 anos na *University of London*. O livro é também baseado nas aulas dirigidas a estudantes universitários de Serviço Social, ministradas por Winnicott no período de 1947 até a sua morte, em 1971. Clare Winnicott (1988) informa que a experiência didática constituiu uma experiência fundamental para o desenvolvimento e enriquecimento do pensamento de Winnicott. Ela acentua, ainda, que o aluno via-se convidado a abandonar-se ao estilo característico de Winnicott, de apresentar livremente suas idéias, sem restringir sua experiência no contato com Winnicott/professor preocupando-se em tomar nota das suas aulas.

do indivíduo. A publicação final do livro é baseada em dois rascunhos feitos por Winnicott, respectivamente, em 1954 (ocasião em que a maior parte do livro foi escrita) e em 1967.

Green (2000b) reitera a importância de recorrer a esse texto, na medida em que, por tratar-se de um livro inacabado[20], *Natureza humana* tem muito a nos ensinar sobre Winnicott. E isso se dá justamente por seu caráter não acabado. O texto não estabelecido pelo autor situa-se, segundo Green, como uma escrita transicional entre o que não é dito e o que é expresso. Portanto, o livro, tal como se apresenta, ao mesmo tempo é e não é o texto. Disso decorre sua potencialidade de significados.

Ao lado disso, Green reitera que o livro *Natureza humana* testemunha o não rompimento de Winnicott com a tradição freudiana, na medida em que a teoria por ele desenvolvida pode ser vista como complementar à obra iniciada por Freud. Ao mesmo tempo, Green destaca que este livro demonstra o estabelecimento de Winnicott como um pensador independente. Tratando-se de Winnicott, o paradoxo deve ser aceito.

Tendo em vista a perspectiva de Green apontada acima, procurarei, ao longo de minha investigação, abordar tanto a maneira como a teoria de Winnicott apresenta conexões com a obra freudiana, quanto os momentos de maior independência em relação a ela. Esta tarefa não é empreendida sem dificuldade, já que Winnicott em diversos momentos faz questão de manifestar-se como seguidor do pensamento de Freud, embora esteja apresentando idéias discordantes.

Uma hipótese é a de que Winnicott não se declara divergente de Freud por razões políticas, com o objetivo de evitar distanciar-se de uma linhagem de tradição em psicanálise. É importante ressaltar que Freud parece ter inspirado Winnicott desde o início do seu interesse pela psicanálise. Contudo, a importância de remeter-se a

---

20. O livro foi publicado postumamente com base no trabalho editorial de Christopher Bollas, Madeleine Davis e Ray Sheperd. Os editores esclarecem que mantiveram o texto tal como Winnicott havia escrito, com exceção de algumas palavras, inseridas com o objetivo de favorecer a compreensão do texto. Tais palavras são claramente destacadas por colchetes, para garantir ao leitor reconhecer o texto escrito originalmente.

Freud e não se apresentar como divergente parece ter se tornado ainda mais fundamental para Winnicott no momento em que ele não encontra no grupo kleiniano uma fonte de apoio para as suas teorias. À medida que se estabelece como um pensador independente e critica a teoria kleiniana, ele recebe uma forte dose de animosidade por parte de Klein e de alguns dos seus principais discípulos como, por exemplo, Joan Riviere. O grupo kleiniano recusava-se a reconhecer a importância da contribuição do autor à psicanálise. Este fato gerou grande ressentimento, por não ter sido reconhecido por aqueles que tiveram tamanha influência em sua obra no início de sua carreira (Kahr, 1996). Talvez ele tenha encontrado em Freud uma possibilidade de apresentar uma sustentação para suas idéias, e assim combater a crítica kleiniana. A busca por esta sustentação é o que parece estar por trás da afirmação de Winnicott (1956b, citado por Grosskurth, 1986) de que era como se Freud estivesse dentro dele.

É importante assinalar que avaliar a influência da obra freudiana em Winnicott é uma tarefa dificultada pelo próprio estilo de produção de conhecimento adotado pelo autor. Esta dificuldade, de acordo com Fromm (1989), deve-se em parte ao fato de que, para Winnicott, a teoria tem um caráter transicional, e que, portanto, ele reinventa os conceitos psicanalíticos clássicos, de acordo com sua própria sensibilidade e experiência clínica, parecendo não se importar, assim como faz o bebê diante do objeto transicional, se a teoria que nasce diante de seus olhos é algo que ele criou ou encontrou. Mesmo admitindo que uma fonte de inspiração de seu pensamento, ao lado da sua experiência clínica, é a teoria de outros psicanalistas, o próprio Winnicott (1945) reconhece não apresentar de maneira detalhada como essas outras teorias influenciam sua obra. De fato, ele salienta que sua última preocupação é verificar de onde tirou o quê.

Apesar da dificuldade apontada acima, penso ser importante propor, mesmo que provisoriamente, uma sistematização da influência das idéias de Freud na obra de Winnicott. Considero que a obra desenvolvida por ele posteriormente às idéias publicadas em 1931 diverge da obra freudiana no tocante à ênfase dada ao desenvolvimento libidinal para a constituição e o amadurecimento do psiquismo. Ao contrário de Freud, Winnicott não atribui muita ênfase a um modelo de desenvolvimento psicológico baseado no modelo econômico das trocas energéticas das pulsões. De acordo com Grotstein (1989), a conceituação de Winnicott a respeito da libido aproxima-se mais da atitude amorosa que a mãe dedica ao bebê, por meio de seus atos de cuidado, do que de uma concepção clássica do conceito expressa na imagem de uma explosão sexual.

Por outro lado, ao contrastar as idéias de Winnicott (1988) sobre o momento de incidência do complexo de Édipo com aquelas expressas nas obras de Klein e Freud, entendo que Winnicott parece mais próximo do pensamento de Freud sobre fantasia inconsciente relativa ao drama familiar desenrolado entre a criança e seus pais, por volta dos dois aos cinco anos de idade do que da teoria kleiniana a respeito de um Édipo mais precoce, baseado fundamentalmente na intensidade da dinâmica relacional dos objetos parciais internos da criança. Esse posicionamento é ilustrado pela crítica que Winnicott (1988) tece à teoria kleiniana, quando afirma não concordar com o posicionamento de que estaria em jogo, nas relações primitivas do desenvolvimento, um complexo de Édipo precoce, ou seja, uma relação triangular, na qual um ou mais de um dos componentes do trio seria um objeto parcial. Para Winnicott, o uso do termo complexo de Édipo só tem valor para referir-se à dinâmica instalada entre a criança e seus pais no momento em que cada um dos elementos do triângulo constitui-se como uma pessoa inteira, tanto do ponto de vista do observador, quanto, sobretudo, do ponto de vista da própria criança.

Quando Winnicott afirma não concordar com a teoria kleiniana relativa ao complexo de Édipo precoce, o autor está atestando que a importância deste complexo, ao qual confere um papel essencial na estruturação do psiquismo, revela-se no momento em que o bebê passa a existir e a reconhecer-se como uma pessoa inteira e, reciprocamente, reconhecendo a mesma integração nas pessoas com as quais passa a se relacionar. Ao lado disso, penso ser fundamental ressaltar que Winnicott concebe uma outra teoria dos processos fundantes do psiquismo durante o período mais precoce do desenvolvimento, que não se baseia na problemática relativa ao processo de triangulação próprio da situação edípica, tal qual Klein (1945) havia proposto.

Para Winnicott, antes da incidência do complexo de Édipo, é preciso que o bebê tenha desenvolvido um sentido de unidade; possa reconhecer-se separado de seu ambiente; sinta habitar seu próprio corpo e tenha estabelecido o reconhecimento da realidade. O momento anterior ao estabelecimento desses importantes marcos do desenvolvimento emocional caracteriza-se pela existência de um estado de não integração no bebê e de uma experiência compartilhada entre o bebê e sua mãe, como será discutido a seguir.

Desenvolvimento emocional primitivo e a experiência compartilhada entre mãe e bebê

Camus (1994, p. 36), em seu livro *O primeiro homem*, relata o diálogo de um jovem com seu mestre, no qual, agradecido, o jovem assim se justifica:

> "– Porque quando eu era muito jovem, muito confuso e muito sozinho (você se lembra, na Argélia?) você se virou para mim e abriu as portas de tudo o que eu amo neste mundo.
> – Você é talentoso.
> – Certamente. Mas, mesmo para os mais talentosos, é preciso um iniciador. Aquele que a vida um dia coloca em seu caminho, este deverá ser para sempre amado e respeitado, mesmo se ele não é o responsável".

Escolhi esta passagem de Camus porque penso que ela exemplifica, de um ponto de vista winnicottiano, a função do ambiente em relação ao bebê, assim como a função do analista em relação ao paciente. A riqueza da relação estabelecida entre o jovem e seu mestre ilustra a possibilidade de uma relação não conflituosa entre o indivíduo e o seu ambiente. Este é um aspecto fundamental da teoria desenvolvida por Winnicott sobre os processos maturacionais, que estabelece uma compreensão original a respeito da relação entre o **talento** do bebê (potencial inato para o desenvolvimento) e a provisão ambiental.

O posicionamento de Winnicott não é um consenso no cenário psicanalítico. Freud ocupou-se mais freqüentemente em compreender o **conflito** estabelecido entre a realidade externa e a realidade psíquica, assim como o conflito presente entre as diferentes instâncias da própria realidade psíquica. A idéia de um conflito existente entre o indivíduo e a realidade e no interior do próprio indivíduo também inspirou a teorização psicanalítica de autores como Ferenczi (1933) e Laplanche (1988). Ambos os autores consideram existir uma relação assimétrica entre o bebê e o adulto que marca o desenvolvimento do primeiro e que pode, em muitos casos, levar ao traumatismo.

Winnicott (1945) situa no início da vida e nos cuidados maternos dispensados ao bebê a base para todo o desenrolar do processo maturacional individual e seus distúrbios. A carreira de Winnicott como pediatra constituiu herança valiosa para o desenvolvimento do corpo teórico no terreno da psicanálise.

Winnicott também considera assimétrica a relação estabelecida entre o adulto e a criança. Contudo, para que o bebê não fique enredado em **confusões de língua com o adulto**[21], nem tampouco **seduzido pelo discurso que o próprio adulto desconhece**[22], Winnicott (1956a) postula a existência de uma condição especial atuante no adulto[23] denominada **preocupação materna primária**. Esta condição instrumentaliza o adulto (ou o ambiente) a identificar-se com o bebê e a responder às suas necessidades próprias do início da vida. Dessa

---
21. Ferenczi, 1933.
22. Laplanche, 1988.
23. Safra (1999, p. 102) afirma que a função ambiental, muitas vezes referida por Winnicott como sendo a da mãe devotada comum, abrange todo o ambiente da criança, como também o ambiente sociocultural da família.

forma, a mãe sustenta o bebê em seu desamparo original e o ajuda a trilhar os caminhos dos processos maturacionais, garantindo que o elemento traumatogênico fique reduzido ao mínimo. Assim, Winnicott constrói uma assimetria potencialmente não traumática.

Segundo esta perspectiva, o trauma seria decorrente de falhas na execução da função ambiental, posto que Winnicott acredita que o adulto é instrumentalizado, por intermédio de uma profunda identificação com o bebê, a reconhecer e atender às suas necessidades.

Do meu ponto de vista, as idéias de Winnicott e Ferenczi se aproximam ao considerar a importância das experiências reais para o desenvolvimento maturacional e seus distúrbios, dada a importância que ambos os autores atribuem ao fator traumático. Contudo, diferentemente de Ferenczi, que salienta a existência de um elemento traumático na gênese da relação estabelecida entre o adulto e a criança, Winnicott propõe a existência de uma relação potencialmente não-traumática entre o adulto e a criança, baseada na existência de um estado específico no ambiente/mãe para atender às necessidades da criança.

Winnicott compreende o desenvolvimento emocional primitivo como um importante marco do processo maturacional do indivíduo. De acordo com Winnicott, esta fase inicial de desenvolvimento é primordial para a fundação e maturação do *self* individual e para o posterior estabelecimento de formas saudáveis de relação do sujeito com o ambiente e com o seu próprio *self*. Contudo, esta importante fase do desenvolvimento não se origina da execução de um corte, mas sim da criação de um tipo original de relação com o ambiente existente desde o início da vida[24].

---

24. De acordo com Reis (1999), a maneira pela qual Winnicott compreende o bebê e sua relação com o ambiente, no período inicial de desenvolvimento, guarda similaridade com as idéias de Merleau-Ponty, na medida em que os dois autores se preocupam com o fenômeno da intersubjetividade. Uma das mais importantes correspondências é o fato de Winnicott, como Merleau-Ponty, afirmar a existência de uma união inicial do bebê com o ambiente à sua volta, tirando-o de uma origem solipsista. Merleau-Ponty acredita na existência de uma realidade compartilhada desde o início, sendo tal possibilidade que permite a posterior subjetivação. O bebê experimenta o ambiente, no início, sem consciência a respeito de sua própria subjetividade, como tampouco da subjetividade do outro. Dessa forma, a experiência intersubjetiva é anterior à experiência subjetiva, apesar do aparente paradoxo conceitual.

Uma das características fundamentais deste período é ilustrada pela função especular[25] do rosto materno. Este conceito, apresentado por Winnicott (1967b) no texto *O papel de espelho da mãe e da família no desenvolvimento infantil*, baseia-se na concepção de que o fundamental da relação estabelecida entre a mãe e o bebê é o seu caráter compartilhado. Assim, a provisão ambiental é capaz de devolver ao bebê, por intermédio de processos identificatórios, o próprio *self* do bebê.

A existência de uma experiência compartilhada é condição *sine qua non* para que seja possível existir a capacidade de espelho do rosto da mãe de devolver ao bebê o seu próprio *self*. Quando esta condição favorável do ambiente está presente com segurança, além de o bebê alcançar a possibilidade de expressar-se de acordo com seu verdadeiro *self*, ele será capaz de encontrar e reconhecer a realidade repudiada. Por outro lado, falhas ambientais levarão à adoção de defesas rígidas por parte do bebê e eventuais quebras na continuidade de experiência do seu *self*. Neste caso, o bebê se organizará de maneira defensiva *em função* do meio ambiente, e não de acordo com seu próprio *self*.

O modo como se estabelece o contato com a realidade é exemplificado por Winnicott (1952, p. 223) com o uso de diagramações enigmáticas, com as quais ele demonstra a maneira pela qual o indivíduo é afetado pelo ambiente nos momentos iniciais de vida. O mais importante, segundo o autor, é a possibilidade de que o bebê possa vir a criar/descobrir o que está sendo oferecido pelo ambiente. É porque o contato com o ambiente estabelece-se a partir do gesto criativo do bebê que a realidade pode ser aceita sem gerar quebras na continuidade do *self* do bebê.

Ao lado disso, a existência de uma relação compartilhada entre mãe e bebê manifesta-se no estabelecimento de um canal de

---

25. Winnicott, nesse texto, admite a influência das idéias de Lacan (1949) desenvolvidas em *Le stade du miroir* para seu texto; entretanto, diferencia-as das que se propõe a desenvolver em seu artigo, na medida em que, para o autor, Lacan não postula o espelho como sendo o rosto da mãe.

transmissão de livre curso entre o que se passa no interior da mãe e no interior do bebê. Este canal de transmissão é assim possível na medida em que a personalidade do bebê, no início, encontra-se em um estado de não-integração, assim como a personalidade da mãe encontra-se sob influência da preocupação materna primária. São estes dois estados específicos atuantes no bebê e na mãe que permitem a eles estabelecer uma relação compartilhada.

Winnicott (1963) postula a existência de uma intercomunicação entre o bebê e a mãe-ambiente, baseada na profunda dependência que o bebê experiencia em relação ao ambiente, por um lado, e na capacidade de adaptação do ambiente em relação às necessidades do bebê, por outro.

O estado de preocupação materna primária (Winnicott, 1956a) é o que da relação compartilhada manifesta-se na mãe, capacitando-a a realizar sua função especializada. Em relação ao bebê, o fato de ele se encontrar em um estado de não-integração e em profundo contato com o ambiente faz com que o que ele veja no rosto da mãe seja a expressão do seu próprio *self*. Dessa forma, é a existência de uma ligação compartilhada inicial que permite ao bebê o reconhecimento posterior de sua própria subjetividade e da subjetividade do outro.

O aspecto compartilhado da relação entre mãe e bebê permite, ainda, diferenciar a teoria de Winnicott da teoria de Klein, já que esta última tende a explicar a constituição do psiquismo do bebê a partir das trocas estabelecidas com seus objetos parciais e totais, em termos dos mecanismos projetivos e/ou introjetivos. Na obra de Winnicott, não há necessidade de cunhar termos como projeção ou introjeção para dar conta do livre curso das trocas inconscientes estabelecidas entre mãe e bebê porque, de fato, os dois já estão imersos em uma relação compartilhada. Os termos introjeção e projeção também supõem um maior grau de diferenciação entre a mãe e o bebê, estado que não está estabelecido nem do ponto de vista do bebê, dado o seu estado precoce de não integração, e tampouco do ponto de vista da mãe, dado o estado de preocupação materna primária.

A postulação de uma relação compartilhada entre mãe e bebê é considerada por James (1985) como uma das mais importantes contribuições da obra de Winnicott, já que ela permite a constatação de que o bebê gradualmente conquista a independência e que, portanto, o processo maturacional conta com um período normal inicial de absoluta dependência do bebê em relação ao ambiente, no qual não existe nenhuma experiência de separação entre os dois.

A compreensão de Winnicott (1958) a respeito da **capacidade para estar só** também sustenta a hipótese de que a memória deste estado compartilhado primário permanece presente. A experiência de comunicação profunda entre analista e paciente é também testemunha da manutenção, ao longo da vida, de traços deste estado compartilhado inicial. É o protótipo da relação mãe-bebê, com sua capacidade de comunicação inconsciente, que é reatualizado no *setting* analítico.

Dessa forma, embora Winnicott não tenha usado o termo intersubjetivo para referir-se à relação inicial entre mãe e bebê, é possível inferir que a natureza desta relação guarda similaridade com uma relação intersubjetiva[26].

O termo intersubjetivo é utilizado por Ogden (1996) para afirmar que o que a mãe reflete para o bebê tem relação com o que ela vê no bebê, mas não é exatamente o que ela vê no bebê. Ogden propõe uma releitura da obra de Winnicott para afirmar que a relação estabelecida entre a mãe e o bebê tem um caráter intersubjetivo, e que é esta qualidade que sustenta a condição de espelho da mãe e o reconhecimento por parte do bebê de seu próprio *self* ali refletido[27].

---

26. Coelho Júnior e Figueiredo (2002) propõem a utilização do termo "solo transubjetivo" para designar a qualidade da relação estabelecida entre mãe e bebê. Os autores discordam da utilização do termo intersubjetivo para designar esta relação, na medida em que, apesar desta relação ser uma forma de intersubjetividade, ela é anterior à constituição de pelo menos um dos sujeitos. Assim, mais estritamente, não poderia ser uma relação "inter-sujeitos", já que um dos pólos, de acordo com Winnicott, ainda não pode ser considerado como um sujeito.

27. Apesar de Ogden derivar suas idéias, em parte, da obra de Winnicott, elas, além de constituírem uma leitura particular da obra, são acrescidas de reelaborações introduzidas pelo próprio Ogden. O conceito de intersubjetividade é um exemplo disso, na medida em que não é um conceito presente na obra de Winnicott.

Contudo, julgo ser fundamental, ainda, destacar outro aspecto da conceituação winnicottiana a respeito da relação estabelecida entre o bebê e o ambiente, o qual não diz respeito ao caráter compartilhado, mas, ao contrário, à existência de um não encontro, ou de um isolamento.

Um aspecto paradoxal do desenvolvimento emocional primitivo: o núcleo isolado do *self*

De acordo com Winnicott, de um lado, o desenvolvimento emocional do bebê deve-se aos cuidados oferecidos pelo ambiente e, de outro, ele se apóia em um potencial inato para o desenvolvimento, o *self*. Ao lado disso, Winnicott (1963) considera que apesar de o *self* estar em contato com o ambiente e sofrer modificações fundamentais em decorrência desta relação, existe uma parte privada do *self* que nunca irá estabelecer contato com o ambiente. Considero, ainda, que o estabelecimento desse aspecto paradoxal às relações entre o bebê e o ambiente (e também entre o indivíduo adulto e a realidade à sua volta) confere um sentido original à obra do autor.

Segundo Winnicott (1963), quando levamos em conta a personalidade saudável, existe um núcleo privado do *self* (correspondente ao verdadeiro *self* quando a personalidade está cindida) que nunca entra em contato com o ambiente. O indivíduo percebe a importância de que este núcleo permaneça privado, sem ser comunicado à realidade, como tampouco entrar em contato ou ser influenciado por ela. Assim, da mesma forma que o indivíduo obtém prazer de sua capacidade em comunicar-se com o ambiente, ele sempre será, em certa medida, permanentemente desconhecido e não encontrado, tamanha a importância de se manter privado um núcleo do *self*.

Este aspecto paradoxal e original da relação entre indivíduo e ambiente é a postulação da experiência simultânea de contato e isolamento. Considerar o desenvolvimento emocional primitivo como decorrente das trocas estabelecidas entre o indivíduo e o ambiente não configura em si uma novidade no terreno psicanalítico, uma vez que diferentes autores, apesar de atribuírem ênfases distintas às participações dos dois pólos, não deixam de considerar que o desenvolvimento decorre das trocas entre indivíduo e ambiente. Mesmo a posição de Klein, apesar de enfatizar a participação dos aspectos pulsionais, não deixa de considerar fundamentais para o desenvolvimento emocional os processos projetivos e introjetivos, ou seja, as trocas entre o indivíduo e seu ambiente.

Penso que com a postulação de um núcleo do *self* que não entra em contato com o ambiente, Winnicott propõe a existência primária de um aspecto de triangulação, anterior ao complexo de Édipo. Acredito ser possível fazer referência a este fenômeno como uma espécie de triangulação visto que há o ambiente, o bebê em contato com a mãe e uma terceira parte, que é o bebê, mas que não estabelece contato com o ambiente. Se pensarmos que o aspecto fundamental da triangulação diz respeito à mãe poder manter na sua cabeça o interesse em um terceiro, que não diz respeito ao bebê (no caso, o pai), e aplicarmos esta mesma concepção ao bebê, poderemos pensar na existência de uma triangulação, já que existe no bebê um aspecto do seu próprio *self* que não faz contato com o ambiente. É esta teoria que permite, ainda, pensar questões como o isolamento pessoal, o segredo, o prazer em se esconder e os momentos de silêncio durante a sessão analítica sob uma nova ótica e, sobretudo, sem se apoiar em explicações que enfatizam a existência de resistência nesses fenômenos. Ao lado disso, entendo que essa teoria abre um caminho para se considerar a alteridade do bebê, exemplificada pelo uso do objeto transicional, na medida em que ele pode vir a criar algo próprio para lidar com a ausência da mãe.

Com o objetivo de melhor compreender a maneira como o bebê cria o objeto transicional, discuto a seguir os três processos fundamentais do desenvolvimento emocional primitivo.

Realidade e luto

Os três processos fundamentais do desenvolvimento emocional primitivo

Winnicott (1945) afirma que a organização psíquica ulterior, observada no indivíduo adulto saudável, que poderia ser tida como natural é, na verdade, resultado de um complexo estado de evolução, constituído por três processos: integração, personalização e realização. O processo maturacional, segundo Winnicott, desenrola-se a partir de um estado original de profunda dependência do bebê em relação ao ambiente em direção à conquista de um grau cada vez maior de independência. É inevitável que o ambiente apresente falhas em sua adaptação às necessidades do bebê, passando a introduzir o princípio de realidade (Winnicott, 1965). Contudo, as falhas na adaptação às necessidades do bebê devem ser introduzidas gradualmente, tendo em vista o progresso maturacional do bebê. Dessa forma, as falhas poderão ser aceitas pelo bebê, dado o maior grau de integração e maturidade emocional.

O autor postula um estado inicial teórico de não integração da personalidade e um potencial inato em direção à integração. De acordo com Winnicott, a integração dá-se graças a dois conjuntos de experiências que ocorrem simultaneamente, a saber: os cuidados oferecidos pela mãe/ambiente ao bebê, ao lado das experiências pulsionais que, a partir do interior do bebê, conduzem a sua personalidade em direção à integração.

Fromm (1989) entende que Winnicott postula uma participação instrumental às pulsões para o desenvolvimento do *self*. Contudo, de acordo com Fromm, a ênfase não é dada ao papel da libido e nem tampouco ao papel da agressividade para o desenvolvimento. Trata-se, com efeito, da importância de uma pulsão em direção à integração. Fromm considera que a conceituação de Winnicott sobre a capacidade que movimenta o indivíduo em direção à integração de sua personalidade guarda similaridades com o funcionamento pulsional, lançando o indivíduo à busca da integração e vitalidade de sua personalidade.

Ao lado disso, para Winnicott (1965), a família constitui para o bebê uma proteção contra o trauma. O processo maturacional depende de que o ambiente facilitador possa propiciar ao bebê experiências que o conduzam da dependência absoluta para a relativa e, por fim, à independência. Nesse sentido, o trauma configura-se como uma falha ambiental num momento em que o amadurecimento psíquico do bebê é ainda precário. É importante destacar que o *self* encontra-se à mercê da provisão ambiental, o que elimina uma explicação que invoque apenas a predisposição para compreender o processo maturacional.

Esta afirmação demarca o posicionamento do autor em manter a influência de ambos os pólos para o desenvolvimento. Este processo em direção à integração pode ser retardado tanto por causa de certos estados de excitação pulsional do bebê, quanto por deficiências do ambiente facilitador em prover os cuidados que o bebê necessita.

O segundo processo, nomeado como personalização, compreende a capacidade de sentir que se habita o próprio corpo, sendo resultante das experiências promovidas tanto pela dinâmica pulsional, quanto pela provisão ambiental.

Admitidas a integração e a personalização, Winnicott interroga-se a respeito da relação com a realidade exterior, ou seja, o processo de **realização**. Este termo constitui um conceito cunhado pelo autor para referir-se à possibilidade de apreciar as qualidades da realidade, tais como o espaço e o tempo. Winnicott afirma que a formação de um laço efetivo com a realidade tem início nas trocas relacionais entre o bebê e seu ambiente. Portanto, esse processo é influenciado tanto pelas excitações pulsionais do bebê, quanto pelo modo como o meio ambiente se apresenta. Winnicott considera que a adaptação à realidade é um passo complexo e representativo de grande avanço para o desenvolvimento emocional.

O tema do contato com a realidade já havia sido estudado por Winnicott em 1935, quando o autor discute o mecanismo de funcionamento da defesa maníaca[28]. Este texto confirma a influência de

---

28. O texto *A defesa maníaca* (Winnicott, 1935) é também importante por constituir uma das primeiras concepções originais a respeito do processo maturacional do indivíduo. Segundo Khan (1958), as idéias, apenas iniciadas no texto em questão, são aprofundadas dez anos mais tarde no texto *Desenvolvimento emocional primitivo* (Winnicott, 1945).

Klein no pensamento de Winnicott, principalmente no que diz respeito ao modo de compreensão da realidade interna[29] e da ansiedade depressiva, relativas ao estado de maior maturidade do psiquismo. A defesa maníaca, portanto, nasce da inabilidade em levar em conta plenamente o significado da realidade interna. As flutuações na habilidade em apreciar a realidade interna são relacionadas à presença e à intensidade da angústia depressiva[30]. A influência de Klein aparece com destaque, ainda, no modo como Winnicott concebe o contato com a realidade exterior em sua relação com a fantasia.

Para explicar a defesa maníaca, Winnicott apresenta uma importante distinção entre fantasia[31] e realidade interna, ao afirmar que as fantasias onipotentes não são a realidade interna em si, mas sim defesas elaboradas com o objetivo de evitar entrar em contato com a realidade interna, dada a angústia depressiva predominante. Assim, a fantasia constitui uma parte do esforço empreendido pelo indivíduo para lidar com a realidade interna. De acordo com Winnicott, a fuga para a realidade é secundária em relação à fuga para a fantasia, na medida em que na defesa maníaca existe de início uma fuga para a fantasia onipotente.

O conflito, neste caso, está deslocado para a própria realidade interna do indivíduo. Winnicott reformula o conceito utilizado por Searl (1929, citado por Winnicott, 1935, p. 130) de *fuga para a realidade* para afirmar que, em defesa contra a ansiedade depressiva, surge a atuação do mecanismo denominado *defesa maníaca*, no qual

---

29. O termo "realidade interna" pressupõe que o indivíduo tenha alcançado um estado suficientemente maduro do desenvolvimento emocional, que inclui um estado de maior integração do *self* e o estabelecimento e o reconhecimento de uma membrana de separação entre o indivíduo e o ambiente. Esta organização é denominada por Winnicott, em nota de rodapé adicionada ao texto em 1957, como a delimitação "psique-soma" (Winnicott, 1935, p. 129*n*).

30. As idéias a respeito do processo de luto também se relacionam com a possibilidade de tolerar a angústia depressiva, sem render-se a um mecanismo defensivo de negação (Winnicott, 1935).

31. Winnicott utiliza o termo original em inglês *fantasy* (Winnicott, 1935, p. 129-30). Ele não utiliza o termo, cunhado pelos kleinianos, de *phantasy*. Para uma discussão sobre o uso do conceito *phantasy*, ver Isaacs, S. (1952) The nature and function of phantasy. In: Klein, M.; Heimann, P.; Isaacs, S.; Riviere, J. (eds.) (1952) *Developments in psycho-analysis*. London: Hogarth Press, 1970.

a relação com a realidade externa é utilizada com o objetivo de apaziguar a tensão existente na realidade interna. Dessa forma, a relação com o objeto exterior é utilizada defensivamente como fonte de segurança, para evitar a apreciação da perturbação do mundo interno. Esta aproximação com a realidade externa, por sua vez, é permeada pela fantasia. Isto significa considerar impossível o acesso direto à realidade exterior. Winnicott utiliza, como exemplo, a idéia de manter o rádio ininterruptamente ligado no exterior como forma de negar a morte do mundo interno. É apenas com a diminuição da ansiedade depressiva que se torna possível maior aproximação com o mundo interno.

Deve-se salientar que, com a introdução do conceito de *experiência de ilusão*, em 1945, Winnicott reformula sua maneira de compreender o estabelecimento do contato com a realidade, afastando-se da formulação apresentada em 1935 e da influência kleiniana em sua obra.

O tema da experiência de ilusão pode ser considerado como precursor do complexo desenvolvimento teórico empreendido pelo autor por volta de 1951, quando postula a teoria dos objetos e fenômenos transicionais.

Winnicott (1945) descreve a experiência de ilusão como se duas linhas viessem em direções opostas, o *self* do bebê e a atitude da mãe, e se aproximassem de maneira a sobrepor-se. O momento de sobreposição é denominado experiência de ilusão; esta experiência pode ser vivenciada pelo bebê como uma alucinação sua, ou como algo próprio do ambiente. Tal experiência é propiciada por uma adaptação ativa e efetiva da mãe às necessidades do bebê, e funda o reconhecimento e estabelecimento de uma relação saudável com a realidade.

A partir das experiências entre o bebê e sua mãe é criada uma terceira área, na qual se desenrola a **experiência de ilusão**, sendo a ela atribuída papel fundamental para o desenvolvimento emocional. Depreende-se das idéias acerca dessa relação uma teoria a respeito da constituição do psiquismo, do desenvolvimento emocional e de seus distúrbios. Tais idéias orientam, ainda, propostas de reformulação da técnica psicanalítica clássica.

Realidade e luto

O ponto de partida da experiência de ilusão é a postulação de uma alucinação do seio, fruto da criatividade primária do bebê. Para que o desenvolvimento emocional transcorra, é necessário que a experiência fornecida pela mãe permita ao bebê encontrar o seio na realidade, no momento em que esta alucinação está em ação. Há, assim, a justaposição da alucinação e da experiência propiciada pelo ambiente. Como postula Winnicott (1945), no momento em que o bebê anseia pelo seio aparece o mamilo real. Quando isso acontece, o bebê é levado a sentir que era aquele o mamilo alucinado. Ao apresentar o mundo ao bebê a partir de repetidos atos de maternagem, a mãe permite que ele enriqueça suas fantasias com elementos sensoriais evocados pela realidade da experiência. Dessa forma, a alucinação do bebê passa a ser enriquecida com elementos sensoriais, disponíveis na realidade, permitindo que eles passem a ser evocados em uma próxima alucinação, tornando-a mais complexa.

Esta situação torna-se possível na medida em que existe um cuidador capaz de promover a experiência descrita acima repetidas vezes para o bebê. É apenas a partir dessa experiência que se funda a possibilidade de uma apreciação objetiva da realidade. Segundo Winnicott, as falhas na percepção objetiva do mundo exterior, observadas no adulto, correspondem às falhas no curso dessas experiências iniciais.

O autor salienta que a criatividade primária do bebê, que permite a experiência de ilusão, antecede a apreciação da realidade e, portanto, não é criada para lidar com as frustrações provenientes do mundo externo. Graças à configuração de um estado específico do ambiente, o contato do bebê com a realidade exterior no início do desenvolvimento não causa frustração, mas, ao contrário, é o que permite seu desenvolvimento.

Nos estágios mais primitivos do desenvolvimento, a relação com o objeto exterior responde às leis mágicas da fantasia, isto é, o objeto tem existência apenas enquanto ele é desejado e, sendo assim, ele desaparece quando o desejo por ele não está mais presente (Winnicott, 1945). Tais características do relacionamento com o objeto exterior, próprias dos estágios mais primitivos ou das estruturas psicopatológicas, são extremamente aterrorizadoras para o indivíduo. Nesse sentido, o estabelecimento de uma relação saudável com a realidade exterior extermina a ansiedade motivada pelo controle mágico do objeto, na medida em que favorece a apreciação objetiva do mundo.

No próximo capítulo, discuto de que maneira o tema do contato com a realidade é modificado mais uma vez com a introdução da teoria a respeito dos objetos e fenômenos transicionais, e qual a relevância dessa modificação para a consideração dos fenômenos culturais, da ancoragem saudável do indivíduo na realidade e do trabalho do luto.

Capítulo 3
A teoria dos objetos e fenômenos transicionais

> Eu fui informado que você pretende futuramente seguir algumas das minhas idéias a respeito do que eu denominei objetos e fenômenos transicionais. Quando isso acontecer, eu espero que você possa fazer uso de mim da maneira como você quiser. (...) por outro lado, é muito mais interessante se qualquer um que se proponha a fazer este tipo de investigação tenha como ponto de partida uma abordagem inteiramente pessoal[32]. (Winnicott, 1954b)

A gênese de um conceito

A fenomenologia do objeto transicional não apresenta segredos. O adulto acostumado a observar crianças pequenas percebe que a criança pode desenvolver uma relação especial com um objeto por ela selecionado. A criança, diferentemente do fetichista, não faz questão de esconder sua escolha e reclama seu objeto sempre que a ansiedade ou insegurança ameaçar sua estabilidade emocional. O adulto reconhece que tal objeto passa a ser preferido em relação aos demais, requisitado sempre na hora de dormir e, fundamentalmente, que sua presença tem o poder de promover espantosa modificação

---

[32]. Trecho de uma carta de Winnicott, de 26 de maio de 1954, endereçada a Mrs. Ucko, em resposta ao seu interesse em pesquisar a teoria dos objetos e fenômenos transicionais (Arquivos da Sociedade Britânica de Psicanálise. Reproduzido com a permissão do Winnicott Trust e Paterson Marsh Ltd).

(para melhor) no humor da criança. Esta observação não é infreqüente. Contudo, desta observação aparentemente simples originou-se um complexo desenvolvimento teórico.

A teoria dos objetos e fenômenos transicionais foi apresentada pela primeira vez por Winnicott em uma reunião científica da Sociedade Britânica de Psicanálise realizada em 30 de maio de 1951. Naquela ocasião, ele distribuiu antecipadamente uma versão resumida de seu texto aos membros da Sociedade. O texto, com algumas modificações em relação à versão distribuída aos membros, foi publicado pela primeira vez no *International Journal of Psychoanalysis* em 1953, e mais tarde, em 1958, com pequenas variações, no livro *Textos selecionados: da pediatria à psicanálise*. Finalmente, em 1971, o texto, acrescido das seções *Aplicação de uma teoria* e *material clínico*, foi publicado no livro *O brincar e a realidade*.

Considero ser importante iniciar a presente discussão com a maneira pela qual Winnicott (1951a) convida sua platéia a discutir sua teoria sobre os fenômenos transicionais pela primeira vez. Por meio de um manuscrito, distribuído internamente aos membros da Sociedade Britânica de Psicanálise presentes em sua apresentação de maio de 1951, sabemos que Winnicott procura chamar a atenção dos membros da Sociedade para este fenômeno clínico, com o objetivo de questionar a necessidade de se cunhar um nome para designar tal fenômeno, tendo em vista sua relevância tanto para a teoria quanto para a prática psicanalítica. Ao fazer referência a esta teoria, não se deve perder de vista que Winnicott não conceitua os objetos e fenômenos transicionais como exclusivos ao bebê ou à criança. Ao contrário, de acordo com ele, os objetos e fenômenos transicionais espalham-se, na perspectiva do adulto, por todo o cenário cultural.

Ao lado disso, penso que o conceito de transicionalidade propõe um novo entendimento da nossa relação com a realidade e, por essa razão, proponho discutir este conceito a partir da maneira como ele modifica as duas dimensões fundamentais de nossa apreciação da realidade: espaço e tempo. Para tanto, faço referência, inicialmente à primeira delas: a dimensão espacial.

O aspecto espacial da teoria dos objetos e fenômenos transicionais

Winnicott (1951a, 1951b, 1971a) reconhece a importância que existe para os bebês na estimulação da zona erógena bucal, através da sucção do polegar ou outras partes do corpo. De acordo com ele, este comportamento pode ser substituído posteriormente pelo uso do objeto transicional. Este objeto torna-se especial para o bebê e sua falta constitui motivo de grave aborrecimento. Este objeto possui as seguintes características: constitui-se como a primeira possessão não-eu do bebê; está localizado na realidade exterior; pode vir a transformar-se segundo a capacidade criativa do bebê; e permite o estabelecimento de um tipo afetuoso de relação de objeto. Com o objetivo de discutir o aspecto espacial do conceito de transicionalidade, é importante discutir a natureza e o lugar do objeto transicional.

Em relação à natureza do objeto transicional, faz-se necessário reconhecer que dois pontos são fundamentais: a importância dada à materialidade e a manutenção do paradoxo. Em relação à materialidade do objeto transicional, Winnicott (1951b) salienta que tão (ou mais) importante quanto constituir-se como um símbolo de algum objeto parcial (como o seio), é o fato de o objeto não ser este objeto. Assim, a realidade do objeto transicional (de ser outro que não o objeto parcial que simboliza) é tão primordial quanto a sua capacidade de simbolizar este objeto.

A idéia acima permite inferir que a materialidade do objeto transicional é de fundamental importância, na medida em que é ela que permite apreciar tanto a criatividade primária do bebê, quanto constatar o progresso do desenvolvimento emocional primitivo. O fato de o bebê conferir a um objeto qualidades especiais que não estão contidas no objeto em si testemunha a ação da criatividade primária. Além disso, é apenas porque o bebê pôde avançar no seu desenvolvimento emocional que ele pôde criar/encontrar algo para lidar com a ausência da mãe.

Em relação ao lugar do objeto transicional, é essencial destacar que o objeto constitui-se como transicional na medida em que o bebê o utiliza em uma zona de experiência intermediária. O lugar do objeto transicional constitui um aspecto paradoxal da teoria de Winnicott, porque, embora o objeto habite o espaço exterior, o bebê acredita ter criado o objeto. E, ainda mais importante, o objeto não constitui uma alucinação engendrada pelo mundo interno do bebê. Esta idéia é importante para ressaltar que a dinâmica entre a realidade compartilhada e a criatividade primária do bebê cria um terceiro fenômeno que alterará a constituição, tanto do **ambiente** (tais como nos fenômenos culturais), quanto da **realidade interna** (exigindo a conceituação de criatividade primária, e a mudança na compreensão dos fenômenos do sonho e da fantasia).

Com o objetivo de compreender a fenomenologia dos objetos e fenômenos transicionais, há a necessidade de postular tanto uma nova modalidade de relação entre os dois pólos da realidade – **a experiência de ilusão** –, quanto a existência de uma terceira área de experiência – **o espaço potencial**.

A experiência de ilusão

Winnicott (1951b, 1971a) alerta-nos que, em relação ao objeto transicional, não se trata de investigar a primeira relação de objeto do bebê, nem as características do primeiro objeto. Na verdade, ao observar o uso que o bebê faz do polegar ou de outros objetos, além da excitação e satisfação oral que sustentam o comportamento, existe algo mais em jogo. Na opinião de Winnicott, o que está em jogo é a **experiência de ilusão**, que se caracteriza como uma forma criativa de contato com a realidade. Esta forma de contato com a realidade está presente, segundo Winnicott, no momento de apreciação dos fenômenos culturais, no brincar e nas religiões. Quando usufruímos de um concerto, por exemplo, estamos em condição de habitar um espaço de descanso em relação à perpétua luta de manter realidade e fantasia separadas, porém relacionadas. Esta trégua é permitida graças à **experiência de ilusão**.

Winnicott concebe a primeira possessão não-eu do bebê como um fenômeno que tem lugar **entre** o que é subjetivo e o que é objetivamente percebido. Dessa forma, a primeira lição que a observação dos fenômenos transicionais nos ensina situa-se numa dimensão ontológica. Pois é a partir deste fenômeno que Winnicott propõe a existência da criatividade primária do bebê, a qual traz modificações importantes na maneira com que o autor compreende o ser. Ao postular o papel fundamental da criatividade primária para a experiência de ilusão, Winnicott retoma a importância do gesto criativo para o processo maturacional do indivíduo.

Safra (1999) esclarece que a criatividade primária do bebê não é fundamental apenas para a criação do objeto, como também para o processo de personalização. Assim, ao debruçar-se sobre o mundo e criar o objeto, o bebê está ao mesmo tempo criando seu braço estendido e a si mesmo, dessa forma a ação criativa do bebê é fundante do *self*.

Safra afirma que retomar as idéias de Winnicott é importante para restituir o devido valor do gesto à constituição do homem, um posicionamento negligenciado durante a história da psicanálise, que se preocupou mais freqüentemente com a importância da palavra. Ao privilegiar a palavra, Safra pondera, a psicanálise procurou enfatizar a importância da realidade psíquica para o adoecimento do homem. Contudo, este posicionamento não permitiu que se obtivesse avanço na compreensão do gesto e da ação para o processo maturacional do indivíduo.

A importância do gesto para a constituição do indivíduo relaciona-se, entre outros aspectos, com a obscura passagem apresentada por Winnicott (1967b, p. 114) a respeito do olhar do bebê em relação com a função especular do rosto da mãe.

"Quando eu olho sou visto, portanto eu existo.
Agora eu posso olhar e ver.
Eu olho criativamente e o que eu apercebo eu também percebo".

Cabe notar que Winnicott começa sua afirmação com uma ação do bebê: *"Quando eu olho sou visto, portanto eu existo"*. Isso permite compreender que, ao lado da importância do olhar da mãe para a subjetivação do bebê, existe uma disposição primária no bebê que o lança em direção ao mundo. O processo maturacional dá-se a partir do encontro do rosto-espelho materno – que, ao mesmo tempo, olha e reflete o *self* do bebê – com o potencial de desenvolvimento do bebê. Este encontro, quando ocorrido satisfatoriamente, permite ao bebê, concomitantemente, olhar e criar, tanto o que vê, quanto a sua capacidade para olhar.

De acordo com Winnicott, a experiência de ilusão encontra-se presente tanto no uso dos objetos transicionais, quanto no brincar da criança e, na perspectiva do adulto, espalha-se pelo campo cultural, religioso e científico. Como discutirei a seguir, essas experiências não podem ser descritas exclusivamente em termos da realidade psíquica, nem, tampouco da realidade externa, uma vez que se encontra em ação a sobreposição dessas duas áreas, resultando na criação de uma área intermediária, denominada **espaço potencial**[33].

O espaço potencial: uma teoria sobre a ancoragem saudável e criativa na realidade

De acordo com Winnicott (1971a, p. 2), psicanálise levou ao conhecimento das características do mundo interno do indivíduo, permitindo revelar se este é enriquecido ou empobrecido, ou se vive em um *"estado de paz ou em um estado de guerra"*. O conhecimento psicanalítico é útil para compreender de que maneira os indivíduos alcançam um estágio de maturidade suficiente para capacitá-los de uma experiência de unidade (que permite diferenciar o eu do não-

---

[33]. Com base em sua extensa experiência clínica e em uma leitura atenta da obra de Winnicott, Safra (1999, p. 81) propõe avanços teóricos importantes que sustentam a diferenciação entre o Espaço Potencial e o Espaço Transicional. A presente investigação, contudo, concentra-se na exposição apresentada por Winnicott

eu), e de que maneira o indivíduo passa a se relacionar com a realidade. Este processo de individuação é um avanço exemplar do desenvolvimento maturacional do indivíduo, da mesma forma que o conhecimento relativo a este processo e a respeito das relações interpessoais decorrentes é um importante passo na história da teoria psicanalítica. Entretanto, Winnicott considera insatisfatória a teoria psicanalítica a respeito dos processos interpessoais e propõe, além disso, uma teoria a respeito dos processos que possibilitam a constituição de uma terceira área de experiência, constituída pela sobreposição entre as realidades interna e externa. Em suma, Winnicott não está preocupado apenas em compreender como se dá a relação entre o indivíduo e a realidade, mas, sobretudo, em definir como dessa relação tem-se a formação de uma terceira realidade, e como o indivíduo relaciona-se com ela.

Dessa forma, levando em conta o ambiente facilitador e os processos maturacionais, Winnicott passa a descrever como se dá o estabelecimento de uma relação saudável e criativa com a realidade que permita a incidência dos fenômenos transicionais.

Os fenômenos transicionais, de acordo com Winnicott (1951a, p. 1), ocorrem em um momento de transição entre dois estados maturacionais diferentes como, por exemplo, do *"princípio do prazer para o princípio da realidade, (...) da imaginação em sua forma criativa primária para a aceitação da realidade, da subjetividade para a objetividade"*[34].

Contudo, o conceito de transicionalidade significa não apenas uma concepção de transição entre dois estados maturacionais diferentes, como também a manutenção de dois estados maturacionais diferentes ao mesmo tempo. É esta sobreposição que permite a criação de um terceiro fenômeno, que não pode ser descrito apenas nem em termos de um funcionamento, nem do outro. No momento em que

---

34. Winnicott, D. W. (1951a) Manuscrito do texto *Transitional objects and transitional phenomena*. Arquivos da Sociedade Britânica de Psicanálise. Reproduzido com a permissão do Winnicott Trust e Paterson Marsh Ltd.

Winnicott designa os fenômenos transicionais como uma área **entre** dois estados maturacionais, ele postula a existência de um terceiro fenômeno, que passará a ocupar um lugar central em sua teoria a respeito do desenvolvimento individual saudável.

A hipótese desta terceira área de experiência é sustentada pelo argumento de que o conceito de sublimação cunhado por Freud não é suficiente para descrever a topologia da experiência cultural. Para tanto, Winnicott reivindica a postulação de uma terceira área de experiência, capaz de alojar as produções culturais.

Segundo Winnicott, essa terceira área de experiência inicia-se no espaço **entre** a mãe e o bebê para, posteriormente, difundir-se por todo o cenário cultural, o campo das artes, das religiões, das ciências, do brincar e também do *setting* analítico. Em todos esses campos da experiência humana está presente um aspecto paradoxal e criativo na relação entre indivíduo e realidade.

A qualidade dos fenômenos transicionais diz respeito justamente a esse salto da realidade concreta para a criação de algo que não está explícito, sem alienar-se em um campo alucinatório. O uso do objeto transicional ou a área dos fenômenos transicionais sustentam-se no estabelecimento de uma relação dialética entre os aspectos da realidade e a criatividade do *self*, dando origem a uma síntese que não é literal nem alucinatória.

De acordo com Phillips (1988, p. 122):

> "É através do uso dos fenômenos transicionais, a área intermediária, que o bebê e mais tarde, o adulto são sustentados entre duas alternativas impossíveis – o isolamento e loucura da subjetividade excessiva ou o empobrecimento e a futilidade anônima da objetividade (ou submissão [do original em inglês, *compliance*] disfarçada de objetividade)".

A manutenção do paradoxo, fruto de uma relação dialética entre os elementos da realidade e o indivíduo, permite que a oposição entre o que pertence ao ambiente e o que pertence ao *self* dê origem a uma nova área de experiência – o espaço potencial – que evita fixar-se exclusivamente em um dos pólos envolvidos. Este fenômeno pode ser observado, por exemplo, no brincar da criança. Quando a criança faz da vassoura o seu cavalo, ela pode reconhecer que a vassoura é o seu cavalo e não é o seu cavalo, ao mesmo tempo. Caso uma das duas alternativas passe a ser a única válida, ou seja, caso a criança passe acreditar apenas que a vassoura é o cavalo ou que a vassoura não é o cavalo, não estaremos diante do brincar próprio aos fenômenos transicionais, dado que a fixação em apenas um dos pólos esvazia a riqueza da experiência do brincar.

Winnicott conceitua o espaço potencial – espaço referente aos fenômenos transicionais – como um espaço de descanso. Este espaço é assim considerado na medida em que permite uma trégua na constante luta empreendida pelo homem de manter fantasia e realidade separadas, embora relacionadas.

É importante ressaltar que o interesse de Winnicott pelo tema do estabelecimento do contato saudável com a realidade pode ser apreendido ao longo de toda a sua obra (1935, 1945, 1971a, 1988).

Ao lado disso, é possível testemunhar o interesse de Winnicott pelo tema do estabelecimento do contato com a realidade no único trecho por ele grifado em seu exemplar do livro de Balint (1952) *Amor primário e técnica psicanalítica*[35], que foi doado à biblioteca do Instituto de Psicanálise da Sociedade Britânica de Psicanálise. Cito, abaixo, o trecho grifado por Winnicott do capítulo escrito por Alice Balint (1952, p. 126) a respeito da diferenciação entre dois tipos de amor objetal, em função do estabelecimento ou não do princípio de realidade:

> "Minha hipótese pode ser facilmente descrita em termos de ego e de id. O amor arcaico sem sentido de realidade é a forma de amor do id, que persiste ao longo da vida, ao passo que a

---

35. Do título original em inglês *Primary Love and Psycho-Analytic Technique* (Balint, 1952).

<u>forma de amor baseada na realidade social representa a maneira de amar do ego</u> ". (Grifos copiados a partir do exemplar de Winnicott[36])

Embora Winnicott não designe sua teoria em termos das instâncias psíquicas de id e ego, ele parece estar de acordo com Alice Balint no que se refere à postulação de um estado de suspensão do teste de realidade ao longo da vida adulta. Contudo, Alice Balint parece manter duas formas paralelas de estabelecimento de contato com a realidade, posição esta sustentada por Freud (1911) em seu texto *Formulação sobre dois princípios de funcionamento mental*. A contribuição de Winnicott é fundamental, na medida em que permite propor uma síntese entre as duas formas de contato com a realidade, dando origem a uma terceira forma. Ao lado disso, penso que o mais importante é que esta terceira forma passa a ser considerada não apenas uma forma *original* de contato com a realidade, mas, sobretudo como o paradigma do que é considerado criativo e saudável.

Esta idéia relaciona-se à discussão de Ogden (1993) a respeito da existência de uma relação dialética[37] em ação nos fenômenos referentes ao espaço potencial. De acordo com Ogden, o aparecimento de uma relação com o objeto transicional não significa apenas um estágio transcorrido no processo maturacional individual. Trata-se, efetivamente, do desenvolvimento da capacidade de sustentar um funcionamento psicológico dialético.

---

36. Durante minha pesquisa na Biblioteca do Instituto de Psicanálise da Sociedade Britânica de Psicanálise, pude observar a regularidade do mesmo tipo de grifos, presente em vários exemplares de livros que pertenceram a Winnicott, o que permite inferir a sua autenticidade.
37. Reis (1999) ressalta que Merleau-Ponty oferece uma possibilidade ainda mais interessante para reler os textos de Winnicott. Reis acredita que a revitalização que Ogden fornece à obra de Winnicott parece inspirar-se em algumas das idéias de Merleau-Ponty, mesmo que esta justificativa não tenha sido explicitamente apresentada por Ogden. Reis investiga o desenvolvimento da obra de Ogden para confirmar a existência de um giro epistemológico que mostra que, se num momento inicial Ogden esteve apoiado na filosofia hegeliana, isto deixou de ser verdadeiro ao longo do desenvolvimento de sua obra mais recente. Esta mudança é bastante favorável, na medida em que Reis afirma que se apoiar no modelo hegeliano não permite apropriar-se satisfatoriamente da compreensão de Winnicott a respeito da intersubjetividade.

Ogden (1993) recorre à idéia do terceiro, ao afirmar que a possibilidade de manter um processo dialético psicológico refere-se à capacidade de transformação de uma unidade que não requer símbolo – síntese indiferenciada inicial mãe-bebê – em uma tríade. Este estado de tríade [*threeness*] significa existir mãe e bebê como objetos distintos e, fundamentalmente, que o bebê passe a existir como sujeito. Pensar o bebê como sujeito pressupõe reconhecer sua capacidade de atuar como observador da mãe e de si mesmo como objetos simbólicos. Significa reconhecer, ainda, que o bebê possa ser não apenas intérprete, como também criador dos seus próprios símbolos. Instala-se, assim, uma relação dinâmica entre três diferentes entidades. De acordo com Ogden (1993, p. 229), *"essas três entidades são o símbolo (um pensamento), o simbolizado (a respeito do que se está pensando) e o sujeito interpretante (o pensador que cria seus próprios pensamentos e interpreta seus próprios símbolos)"*.

Ogden reconhece ser de fundamental importância a formação do espaço potencial, criado pela triangulação entre o símbolo, o simbolizado e o *self* interpretante, porque é neste espaço que a criatividade torna-se possível e que, acima de tudo, estamos vivos como seres humanos.

A teoria dos fenômenos transicionais conduz a uma nova compreensão a respeito da relação do indivíduo com a chamada **realidade externa**, dada a manifestação dos fenômenos transicionais no espaço potencial. Esta idéia é absolutamente central em Winnicott, tão importante que podemos considerar um engano conceitual, de um ponto de vista winnicottiano, usar a palavra **externa** para referir-se à realidade[38]. Ao lado disso, penso que esta teoria oferece uma nova maneira para compreender a ancoragem saudável do indivíduo na realidade. Sendo fiel a Winnicott, a realidade deve ser sempre compreendida como realidade compartilhada, na medida em que os processos maturacionais, quando ocorridos satisfatoriamente, não nos dão alternativa, a não ser a de constituir uma relação compartilhada

---

38. Agradeço a participação do Prof. Dr. Gilberto Safra para elucidar esta questão.

com a realidade. A famosa frase de Winnicott (1960d, p. 39*n*) de que *"um bebê não existe"* aponta para essa compreensão. O bebê não existe como uma categoria isolada, mas sim em uma díade com o seu ambiente. Inicialmente, existe a díade mãe-bebê. Apenas, posteriormente, suportado pelos cuidados do ambiente, o bebê pode passar a existir como bebê e reconhecer a existência da mãe.

Contudo, as marcas da experiência compartilhada inicial nunca poderão ser apagadas. Isso tampouco seria desejável, dado que é a memória desta experiência que traz uma sensação de pertencimento ao ambiente e que diminui o estranhamento em relação a ele. Nesse sentido, tal **memória** constitui um importante patrimônio do sujeito, que o capacita a enfrentar a adversidade trazida pelas experiências com a realidade. É recorrendo a esta memória que, por exemplo, o bebê pode instrumentalizar-se para afastar-se da mãe e lançar-se às aventuras do mundo. É, sobretudo, por intermédio desta memória que se torna possível elaborar a perda de um objeto significativo, pois algum laço ainda permanece estabelecido com quem partiu. E, ainda, é esta memória que sustenta nossa ancoragem na realidade cultural a que pertencemos. Assim, rupturas na experiência de continuidade sociocultural, tal como encontradas nos exílios, podem gerar patologias no que diz respeito ao aspecto espacial do fenômeno transicional.

Winnicott chama a atenção para o fato de que é o fenômeno transicional que permite que o espaço entre a mãe e a criança seja, ao mesmo tempo, um espaço de separação e união.

De acordo com Safra (1999, p. 79-80), as possibilidades de exploração do ambiente baseiam-se justamente nesta condição do espaço ter se constituído, ao mesmo tempo, como um espaço de separação e união entre a mãe e o bebê, ao afirmar que:

> "(...) o espaço no mundo só é visto pela criança como um campo a ser explorado porque ela sente que tem lugar e morada em seu corpo e no interior do corpo materno. O espaço do mundo é visto como bom, porque contém também

analogamente, o aconchego do colo e do interior da mãe. Caso contrário, o mundo será vastidão infinita, lugar de horror".

Esta idéia é crucial para diferenciar as idéias de Winnicott de uma conceituação clássica psicanalítica, a qual postula que o indivíduo teme e odeia a realidade porque esta o frustra (Freud, 1911, 1924a). De acordo com Winnicott, a relação com a realidade pode não ser conflituosa, porque, ocorrido o processo maturacional satisfatório, ela também pode abarcar aspectos do próprio *self* do sujeito. Assim, a relação satisfatória com a mãe permite que o mundo possa ser permeado por aspectos relativos aos fenômenos transicionais e, dessa forma, ele passa a ser um espaço disponível a ser habitado pelo sujeito.

A manifestação deste fenômeno é demonstrada pelo sentimento que temos de pertencer a uma nação, a uma cidade ou a um determinado grupo social. A intensidade deste sentimento pode ser apreciada retroativamente, ou seja, no momento em que nos vemos, por algum motivo, privados do sentido de pertencimento e condenados ao afastamento temporário ou ao exílio permanente.

Esta concepção teórica permite refletir sobre os fenômenos de desenraizamento, originados pela emigração forçada em tempos de guerra, ou mesmo sobre as patologias relativas a um sentimento de não pertencer à realidade. Matos (2001, p. 69-70) discute este tema ao descrever a importância da construção da morada para o homem e, como ilustração, relembra a vinheta narrada pelo crítico literário Peter Szondi:

> "(...) em Paris, na comunidade dos judeus alemães foragidos do nazismo, estes conversavam sobre os países para onde deveriam emigrar: Inglaterra, Suíça, Estados Unidos. Um deles disse partir para o Uruguai – ao que, todos aturdidos, inquiriram: 'Mas por que tão longe?'. A resposta foi: 'Longe de onde?'. Perdido um lugar de 'origem' e 'pertencimento', dispersa-se a história e a subjetividade, com o que todos os lugares se equivalem".

O trauma do abandono forçado e violento da terra natal leva à perda do espaço que se habita, podendo acarretar prejuízos para a reconstrução do sentido de pertencimento a um novo espaço e para a ancoragem saudável do indivíduo na realidade. A reconstrução da morada fica impedida, em muitos casos, porque a violência da emigração não permite que a morada passada seja lembrada, contada e ressignificada, seja porque o perigo ainda está presente, seja porque a ferida ainda não está cicatrizada.

Ao longo de sua obra, Winnicott repetidas vezes faz referência à importância dos aspectos ambientais, familiares e socioculturais para o processo maturacional e a plena realização do homem. Além disso, é importante assinalar que em diversos momentos Winnicott sustenta seu argumento em elementos advindos de seu próprio repertório cultural, o que demonstra a importância destes para a sua própria constituição. Entendo, ainda, que a experiência de Winnicott no atendimento psicoterapêutico de crianças evacuadas[39] constituiu uma rica experiência clínica. Esta experiência permitiu a Winnicott observar pacientes com graves distúrbios psicológicos, e estudar os prejuízos psicológicos decorrentes da perda da morada junto à família. Talvez não tenha sido coincidência que Winnicott tenha desenvolvido sua teoria a respeito dos objetos e fenômenos transicionais posteriormente a esta experiência clínica.

Contudo, o distúrbio do desenvolvimento do fenômeno transicional em seu aspecto espacial não é exclusivo às experiências de exílio. Falhas do processo maturacional podem levar também a patologias relativas à ancoragem do sujeito na realidade em que ele vive. Esta dificuldade pode estar ilustrada por um sentimento de estranhamento no contato com a realidade.

Este estranhamento é associado a distúrbios no período maturacional individual que não permitiram o desenvolvimento e a

---

39. Durante a Segunda Guerra Mundial, o governo Inglês criou instituições com o objetivo de abrigar crianças, afastadas dos seus pais, como medida de protegê-las dos bombardeios a cidades de grande porte, como Londres. (Kahr, 1996)

incidência dos fenômenos transicionais na realidade que se habita. Safra (1999, p. 87) faz referência ao tema da constituição do espaço para afirmar que: *"a falta de lugar é falta da possibilidade de ter construído morada junto a alguém significativo"*. De acordo com Winnicott, o estabelecimento de uma ancoragem saudável do indivíduo na realidade se expressa através do viver criativo. Winnicott evita restringir sua concepção de criatividade aos fenômenos artísticos propriamente ditos e amplia seu entendimento deste fenômeno de maneira a abarcar a totalidade da expressão do homem saudável na realidade. Tendo em vista a teoria psicanalítica clássica, Winnicott afirma ser comum considerar saudável o indivíduo que se mantém perpetuamente integrado, que sente habitar seu próprio corpo e pode discriminar com acuidade o que pertence ou não à realidade. Contudo, há um caráter sintomático nessa contínua sanidade, na medida em que esta pode significar uma defesa contra o medo da loucura, ou mesmo a negação da loucura. Segundo o autor, a atividade artística teria o objetivo de nos ligar novamente com aspectos primitivos da nossa vida, o que é fundamental, já que acredita que somos empobrecidos se formos *"apenas saudáveis"* (Winnicott, 1945, p. 150*n*). A apreciação de uma obra de arte, por exemplo, encanta o indivíduo por poder remetê-lo novamente a uma experiência de não-integração, na qual partes do *self* podem expressar-se no ambiente, na exterioridade da obra contemplada.

Para Winnicott (1945), o doente é tanto o esquizóide, que escapa francamente da realidade, quanto o indivíduo dito "normal", que estabelece uma relação de submissão à realidade, já que nos dois casos foi perdida uma possibilidade de debruçar-se sobre a realidade criativamente. Winnicott (1963) afirma, ainda, que a maturidade implica a possibilidade de socialização sem que seja necessário um grande sacrifício da espontaneidade pessoal.

Winnicott (1971b) reconhece que existe uma grande insatisfação presente tanto no grupo de pessoas esquizóides (os quais não estabelecem contato com os fatos da realidade), quanto no grupo de pessoas extrovertidas (as quais perderam o contato com o sonho). A partir desse ponto de vista, amplia sua concepção a respeito da atividade criativa, passando a considerá-la como o que caracteriza a própria condição humana. É o viver criativo que permite ao indivíduo sentir que a vida vale a pena, e esta condição encontra-se relacionada à qualidade dos recursos ambientais oferecidos a ele no início da vida. Dessa forma, a qualidade da relação estabelecida entre o bebê e sua mãe passa a ser a base do que foi considerado por Winnicott como o **viver criativo**. Segundo o autor, o impulso criativo não está apenas presente no momento em que um artista realiza uma obra, mas também quando o indivíduo, independentemente de sua idade, coloca-se de maneira saudável na realidade, realizando deliberadamente algo que tenha relação com os aspectos criativos do *self*.

Ainda preocupado com o tema da criatividade e da relação entre o indivíduo e a realidade, Winnicott (1971c) critica, no texto *A localização da experiência cultural*, a insuficiência do conceito de sublimação para abarcar a totalidade da atividade criativa do homem. Ele reconhece que o uso que Freud faz do termo sublimação permite conceituar a maneira pela qual a experiência cultural é significativa. Contudo, esta conceitualização não é suficiente para nos dizer em que lugar do psiquismo situa-se a experiência cultural.

Com o texto *Complemento à localização da experiência cultural*, Winnicott (1967c) parece suprir esta insuficiência. Neste texto, conceitua a existência de um tipo diferente de sonho, que pode ser considerado como a gênese da criatividade do escritor. Esta elaboração teórica nasce a partir da necessidade de se encontrar um espaço correlacionado à experiência cultural e que esteja internamente situado.

É fundamental destacar que a teoria dos objetos e fenômenos transicionais, desde 1951, alavancou interessantes debates psicanalíticos, além de ter subvertido irremediavelmente a nossa compreensão a respeito da **realidade externa**. Contudo, Winnicott não se satisfaz apenas com essa subversão, uma vez que muitas das discussões a respeito de importantes fenômenos clínicos são também baseadas justamente na modificação trazida pelo conceito de fenômeno transicional no que diz respeito aos **processos internos** do indivíduo, como observado, por exemplo, em sua crítica a respeito da insuficiência do conceito de sublimação para abarcar a atividade criativa. Assim, além de postular a existência de um espaço potencial, externamente situado, para alojar as produções culturais e o brincar, Winnicott (1967c) propõe a existência de um espaço potencial internamente situado.

Ao discutir a natureza do brincar, Winnicott (1971d) afirma que o mais importante em relação ao brincar é o fato dele garantir a expressão do gesto criativo, originado na tentativa de dar conta do que está fora do controle onipotente do bebê. Esta concepção é sustentada na idéia de que, para dar conta do que está fora do controle onipotente, não basta pensar ou desejar, mas faz-se necessário que uma ação surja no repertório do bebê. Essa afirmação permite compreender que Winnicott considera o gesto como fundamental ao processo maturacional do bebê e à existência do homem, como discuti anteriormente.

O aspecto temporal da teoria dos objetos e fenômenos transicionais

O fenômeno transicional, apoiado na experiência de ilusão, caracteriza-se como uma possibilidade de encontro de dois estados maturacionais diferentes. Winnicott compreende o fenômeno transicional como tendo espaço no momento intermediário entre a inabilidade do bebê em reconhecer e aceitar a realidade e sua crescente habilidade em empreender tal reconhecimento e, conseqüentemente, em aceitar a realidade. Winnicott, assim, subverte a compreensão a respeito da maneira como o indivíduo experimenta o tempo.

Para melhor compreender a contribuição da teoria dos fenômenos transicionais para o trabalho do luto, interessa resgatar de que maneira ela subverte os sentidos de tempo experienciados pelo indivíduo. Considero ser esta uma tarefa necessária, tendo em vista a posição de Fédida (1999) de que o luto é em primeira instância uma relação com o tempo. Não se pode deixar de notar que o modo como o homem experimenta o tempo sempre foi uma questão para a psicanálise. Assim, penso ser importante destacar como a experiência de diferentes sentidos de tempo relaciona-se com o trabalho do luto.

Esta questão pode ser explorada à luz das considerações de Safra (1999) a respeito da possibilidade de o *self* expressar-se de acordo com diferentes sentidos de tempo. A possibilidade de experimentar o tempo a partir de diferentes modalidades constitui uma importante aquisição para o indivíduo e relaciona-se à saúde psíquica.

De acordo com Safra, o tempo convencional, medido por calendários e relógios, é apenas uma das múltiplas faces do modo como o homem experimenta o tempo. Esta capacidade de orientar-se de acordo com o tempo socialmente convencionado constitui um avanço na história maturacional do sujeito, dado que é o momento em que o funcionamento psíquico deixa de sujeitar-se exclusivamente aos processos primários e submete-se à égide dos processos secundários.

Além do tempo convencionado socialmente, Safra postula a existência de diferentes experiências de tempo, fundamentais à plena realização do *self*. O autor apresenta quatro modalidades de constituição da experiência de tempo: tempo subjetivo; tempo compartilhado; tempo transicional; e tempo das potencialidades.

Safra (1999, p. 57) afirma que a singularidade do bebê é expressa, no início, pelo seu ritmo peculiar. A maneira como a mãe acolhe o ritmo singular do bebê permite que um primeiro núcleo de integração sensorial que irá compor o *self* do bebê floresça, levando-o à constituição do *"tempo subjetivo"*. Este núcleo é enriquecido, paulatinamente, por elementos próprios às experiências sensoriais vivenciadas pelo bebê, tais como, sons, cheiros e gostos.

O *"tempo compartilhado"*, de acordo com Safra (1999, p. 61), é uma conquista da crescente maturidade da criança que, tendo um *self* suficientemente integrado, pode reconhecer os limites de seu próprio eu e, conseqüentemente, as fronteiras relativas ao outro (não-eu). Este reconhecimento é fundamental para o estabelecimento de uma nova relação com a realidade compartilhada que inaugura uma nova forma de experiência de tempo: o tempo compartilhado.

Safra sintetiza o tempo transicional como sendo o tempo do faz-de-conta. A partir da entrada no tempo compartilhado, sustentada pela constituição segura do tempo subjetivo, a criança passa a poder movimentar-se entre os tempos subjetivo e compartilhado sem o risco de perder seu senso de continuidade. A característica principal da experiência do tempo transicional, aponta Safra, é a possibilidade desta movimentação entre dois tempos. É essencial que a criança não fique enredada para sempre no seu mundo de faz-de-conta, mas que tampouco fique restringida à realidade compartilhada.

De acordo com Safra (1999, p. 63), o tempo das potencialidades, tendo em vista que o *self* está em um constante processo de mudança, compreende o sentido do que ainda está por vir, *"em termos das possibilidades, recursos e anseios do self"*.

Ainda segundo Safra, a possibilidade de deslizar por diferentes experiências de tempo enriquece o *self*. Conseqüentemente, fraturas no *self* podem manifestar-se em diversos distúrbios relativos às modalidades de constituição de tempo.

A meu ver, a constituição do tempo transicional é de fundamental importância para o trabalho do luto, na medida em que é possível manter uma síntese entre a fantasia (ou a memória do que foi perdido) e a realidade. Isso porque, dada a manifestação do fenômeno transicional, o sujeito não se aliena nem na alucinação, nem tampouco na realidade esvaziada.

Além disso, julgo que a possibilidade de deslizar por diferentes sentidos de tempo pode proporcionar a reinstalação da esperança após a experiência de perda, dada a constituição do tempo das potencialidades.

Do necessário trabalho de luto

> "Quando você morreu as manhãs são noites sem lua. Meu ânimo ao levantar-me, não levantar-me da cama todos os dias, é não acreditar:
> – Você morreu?
> Eu não acredito que você morreu.
> Sem você?
> Você?
> Sem você eu custo a me levantar a acreditar. Você morreu? Eu, um buraco, um oco, um seco, um vazio. Eu de manhã noite. Nunca mais terei sol? A chuva me fere a cara dum céu tão cinza. Cinza, meu Deus, essa morte".
>
> (Felinto, 1984, p. 82)

O trecho acima transmite o vazio que passa a habitar o espaço após uma experiência de perda. Esta descrição da violência silenciosa do vazio aplica-se tanto ao fenômeno do luto, quanto ao fenômeno melancólico. No luto, o espaço exterior encontra-se esvaziado, ao passo que, na melancolia, é o próprio *self* que se esvaziou. Nos dois casos está alienada a possibilidade de o *self* manifestar-se com vitalidade na realidade.

Com a discussão a seguir, pretendo aprofundar em que sentido a teoria desenvolvida por Winnicott sobre a transicionalidade oferece uma contribuição para a compreensão do fenômeno do luto. Winnicott, com a teoria dos objetos e fenômenos transicionais, desafia a manutenção ininterrupta do teste de realidade ao propor a participação de um elemento de ilusão, sem que, com isso, o contato com a realidade tenha sido inteiramente comprometido.

É importante ressaltar que para Freud (1917) o teste de realidade constitui um importante elemento do trabalho do luto. Em *Luto e melancolia*, Freud postula que, por intermédio do teste de realidade, há o reconhecimento de que o objeto amado não existe mais e, portanto, surge a exigência de que a libido seja retirada para ser, posteriormente, investida em novos objetos. Contudo, renunciar a um objeto não é uma tarefa realizada facilmente. Freud (1929, p. 70) reconhece a dificuldade desta tarefa em uma carta, endereçada a Binswanger por ocasião da morte de seu filho, na qual Freud relembra a perda de sua própria filha.

> "Embora nós saibamos que depois de uma perda como essa o estado agudo de luto chegará ao fim, nós também sabemos que permaneceremos inconsoláveis e nunca encontraremos um substituto. Não importa o que venha a preencher o vazio, mesmo que o complete inteiramente, isto de toda forma permanecerá outra coisa. E realmente é assim que deveria ser. Esta é a única forma de perpetuar aquele amor de que não desejamos abrir mão".

Na tentativa de negar a perda do objeto, o sujeito pode afastar-se da realidade e manter uma crença delirante de que o objeto ainda existe (Freud, 1917). Contudo, ao longo do trabalho do luto, Freud postula que o respeito pela realidade deve passar a ser predominante.

Do ponto de vista de Winnicott, as perdas primitivas – como a perda da intimidade do corpo materno – devem ser elaboradas por intermédio dos fenômenos transicionais, com o objetivo de reconstituir um espaço de existência concomitante entre união e separação. Winnicott (1971c) afirma que o espaço relativo aos fenômenos transicionais é o espaço no qual a separação não é uma separação, mas sim uma forma de união.

Penso que o modelo presente na teoria dos objetos e fenômenos transicionais poderia funcionar como outra articulação teórica ao trabalho do luto. Levando em consideração as idéias apresentadas por Winnicott com o desenvolvimento de sua teoria a respeito dos objetos e fenômenos transicionais, o trabalho do luto teria como objetivo, por um lado, garantir a manutenção de uma lembrança viva de quem partiu – evitando, contudo, apelar para um estado alucinatório que faria acreditar que a separação não se deu – e, por outro, evitar abandonar-se num estado de desamparo – o qual, fiel apenas ao princípio da realidade, só registraria o espaço esvaziado. A experiência de ilusão possibilitaria encontrar uma síntese da memória com o ambiente.

Além disso, a contribuição de Winnicott para este tema também se baseia em sua teoria sobre o desenvolvimento emocional primitivo, que capacita a criança a desenvolver uma habilidade de lidar com perda. Essa capacidade origina-se do modo como a criança elabora a separação da mãe, no início da vida, e desenvolve um sentido de vitalidade e autenticidade com seu próprio *self*, além de estabelecer uma ancoragem saudável na realidade, conforme discutido no capítulo anterior.

Para abordar esse aspecto, faço referência a uma das transmissões de rádio feitas por Winnicott (1964), dirigidas a pais e dedicada ao tema de por que os bebês choram. Winnicott alinha quatro razões: satisfação, dor, ódio e, finalmente, luto. O último dos quatro motivos – luto – interessa-nos particularmente na presente discussão.

Winnicott percebe que o que está em jogo, do ponto de vista do bebê, é uma tentativa de lidar com perda e luto, trazidos por um maior grau de separação da mãe. Deve-se reconhecer neste ponto a influência do pensamento de Klein a respeito da posição depressiva, que descreve o tipo predominante de angústia característica deste momento de desenvolvimento, originada de um estado de maior integração presente no bebê.

A adaptação adequada da mãe às necessidades do bebê possibilita a este gozar de um estado designado por Winnicott (1963, p. 183) como *"going on being"* [continuando a ser], ou seja, onde não ocorram interrupções significativas na continuidade de existência do *self* do bebê. Falhas ambientais ocorridas durante este período precoce do desenvolvimento não levarão à frustração, mas sim a rupturas na continuidade de existência do *self*. Isso porque, segundo Winnicott, no início da vida, não se trata de satisfazer os impulsos do bebê, mas sim atender às suas necessidades.

Como conseqüência deste período inicial de absoluta dependência, o bebê não precisa reconhecer a mãe e nem tampouco reconhecer a si mesmo. Esta concepção é absolutamente fundamental para compreender

Realidade e luto

que a maneira como a perda do objeto é experimentada pelo bebê é estreitamente relacionada com o estágio de desenvolvimento em que ele se encontra no processo da absoluta dependência rumo à independência. Cabe mencionar, a esse respeito, a apreciação de James (1985), que relembra o comentário de Winnicott sobre a maneira como dois bebês, de mesma idade, mas em momentos distintos do processo maturacional, experimentam diferentemente o fracasso ambiental. O primeiro bebê já alcançou um grau de maturidade em seu processo maturacional, que permite que ele se sinta integrado a maior parte do tempo. Assim, quando este bebê não é atendido, o que ele irá sofrer é a perda do objeto (ou do seio). O segundo bebê, que ainda vive seu estado de integração precariamente e, portanto, apresenta um grau maior de dependência em relação ao ambiente, sem distinguir a sua boca do seio que a alimenta, diante da falha ambiental, irá sentir não a perda do objeto, mas sim a perda de uma parte de seu *self*.

Penso que a maneira como o indivíduo poderá lidar com a perda do objeto, através de um processo de luto saudável ou tomado por uma resposta melancólica, parece estar relacionada com esta fase do desenvolvimento. Esta afirmação relaciona-se com a compreensão de Freud (1917) de que, na melancolia, trata-se de uma perda de algo mais ideal. A perda do objeto tem, neste caso, conseqüências mais graves para o indivíduo.

Outra importante referência ao fenômeno do trabalho do luto encontra-se no livro *Natureza humana*, no qual Winnicott (1988) afirma que o conhecimento a respeito do desenvolvimento emocional primitivo é de grande importância a pais e educadores de crianças de todas as idades. Contudo, Winnicott (1988, p. 34-5) acredita que este conhecimento é ainda mais fundamental àqueles que se dedicam ao cuidado de crianças que estão na fase de serem desmamadas, ou seja, àqueles que cuidam de crianças que estão começando a tornar-se aptas para *"lidar com perda sem quase perder (em um sentido apenas) o que é perdido"*.

Esta frase de Winnicott nos dá uma importante indicação de como ele compreende o processo de elaboração da perda, na medida em que aponta para uma possibilidade de manutenção do que foi perdido sem que seja preciso apelar à negação.

A expressão *em um sentido apenas* aponta para o fato de Winnicott não estar se referindo à idéia de se manter o que foi perdido de maneira delirante ou mesmo fetichista. Caso algum dos dois fenômenos passem a dominar a cena, não estamos diante do fenômeno transicional[40].

Ainda em *Natureza humana*, Winnicott (1988, p. 34) nomeia o terceiro fenômeno do processo maturacional como *"contato com a realidade por intermédio de ilusão"*. Este processo havia sido nomeado por Winnicott no texto de 1945, *Desenvolvimento emocional primitivo*, como **realização** e constituía um dos principais fenômenos do processo maturacional do indivíduo, qual seja o processo que permite a aceitação e o reconhecimento das propriedades da realidade. Esta idéia de Winnicott é fundamental para entender a importância dos fenômenos transicionais para a compreensão do luto, na medida em que ela contempla uma possibilidade de lidar com perda, *sem quase perder (em um sentido apenas) o que é perdido*.

Com o desenvolvimento do conceito de transicionalidade, Winnicott avança no estudo da maneira pela qual o bebê pode lidar com a ansiedade depressiva e elaborar um estado primitivo de luto. Winnicott (1971a) afirma, ainda, que esta necessidade por um objeto específico, decorrente de uma forma de relação própria de um momento primitivo da vida, pode vir a reaparecer quando o indivíduo sentir-se gravemente em privação.

Levando em consideração as idéias apresentadas por Ogden (1993), penso que o trabalho do luto exige o estabelecimento de um processo dialético na relação entre realidade e fantasia. Para discutir essa questão, faço referência às idéias apresentadas por Ogden sobre as possíveis patologias relativas ao espaço potencial. Ogden reconhece que o trauma cumulativo é uma das possibilidades capazes de gerar uma quebra prematura da unidade mãe-bebê. Além da falência cumulativa da função materna, outros fatores capazes de intervir desastrosamente na unidade mãe-bebê incluem a existência de uma hipersensibilidade constitutiva do bebê, doença ou morte dos pais ou

---

40. A complexa organização do fetichismo pode relacionar-se à teoria sobre a patologia dos objetos transicionais.

de irmãos, além do traumatismo decorrente do adoecimento físico do bebê. Todas estas possibilidades, de acordo com Ogden, podem gerar patologias relativas ao espaço potencial, gerando diversas modalidades de falência da possibilidade de criar ou sustentar processos psicológicos dialéticos. Em todas essas modalidades, está ausente a possibilidade de manutenção da sobreposição entre realidade e fantasia.

Uma das hipóteses apresentadas por Ogden refere-se ao processo dialético entrar em colapso na direção da fantasia, fazendo com que a fantasia se torne importante por si mesma. Assim, a fantasia, ao invés de investir a realidade de aspectos criativos, torna-se um fim nela mesma, o que pode trazer perigos para a própria sobrevivência do indivíduo, tal como Freud (1911) havia demonstrado na necessidade do desenvolvimento dos processos secundários.

Uma segunda possibilidade é o processo dialético entrar em colapso na direção da realidade, que passa a ser utilizada como defesa contra a fantasia. A capacidade imaginativa nesta situação, de acordo com Ogden, é significativamente abalada. Além disso, a necessidade de refugiar-se na realidade prejudica a vitalidade e expressão criativa do *self*.

Há ainda, de acordo com Ogden, a possibilidade de desenvolvimento de um estado dissociativo, como, por exemplo, o *splitting* do ego no fetichismo.

Ogden afirma que a percepção prematura e, portanto, traumática pelo bebê de sua condição de separado da mãe constitui uma experiência insuportável, levando à instalação de defesas rígidas. Estas defesas levam à interrupção da atribuição de sentidos à percepção e, portanto, a própria experiência do bebê torna-se impedida. Esta situação tem conseqüências bastante graves para o desenvolvimento do processo maturacional. Neste caso, não se trata apenas de um processo que prejudica o desenvolvimento da fantasia ou a apreciação da realidade. Na verdade, nenhuma das duas [fantasia e apreciação da realidade] chega a ser criada porque há o impedimento do próprio sentido de experiência.

Ao contrário das alternativas patológicas apontadas acima, penso que o trabalho do luto seria justamente a manutenção do processo dialético entre realidade e fantasia, necessária ao bebê para lidar com a separação da mãe e manter a vitalidade do *self*, como também indispensável para que a perda do objeto não se transforme em uma resposta melancólica.

Outro aspecto em relação ao trabalho do luto que pode ser discutido à luz da teoria dos objetos e fenômenos transicionais diz respeito à relação entre o trabalho do luto e criatividade.

Da elaboração da perda: luto e criatividade

Momento

À Leda

Nesta manhã de sol, de brisa mansa,
meu coração transborda de você.
E minh'alma se inflama de esperança.
E me ponho a cantar... Nem sei por quê...

Esse vento que a beija e que balança
as frondes em redor e ninguém vê
é minh'alma que a busca e que se lança
em seus braços, sedenta de você.

Súbito, um bando de aves desgarradas,
rasgando o azul, bulhentas e assustadas,
se introduz na paisagem transitória.

E eu sinto com você no pensamento,
que a mágica visão deste momento
há de ficar no tempo e na memória...

(Codeço, 2001[41])

---

41. Reproduzido com a permissão do autor.

O poema acima é testemunho do processo de elaboração, vivido pelo autor, do luto pela morte de sua esposa. Por intermédio de um ato criativo, o autor esforça-se por elaborar a perda de sua esposa, Leda, ocorrida um ano antes. Várias teorias psicanalíticas já haviam demonstrado como a criatividade pode estar relacionada à elaboração da perda (Freud 1917; Klein, 1937, 1940; Ogden, 2000; Segal, 1955).

Freud (1920) foi pioneiro em chamar a atenção para as motivações que sustentam a brincadeira da criança. Ele reconhece que o aspecto econômico relacionado ao brincar da criança ainda não havia sido estudado satisfatoriamente pela psicanálise. Para tanto, Freud descreve a brincadeira do *fort-da*, e demonstra como, do ponto de vista econômico, a brincadeira de seu neto pode ser compreendida como uma tentativa de a criança tornar-se ativa com relação a uma experiência que havia sofrido passivamente. Assim, a criança, com a sua brincadeira, esforça-se por elaborar a ausência da mãe.

Freud afirma que a repetição da experiência traumática da ausência materna, assim como os sonhos dos neuróticos de guerra, não poderiam apoiar-se na teoria pulsional até então desenvolvida. Este fato levou Freud a reformular sua teoria pulsional e elaborar o conceito de pulsão de morte.

O tema da brincadeira é extensivamente investigado por Winnicott. Diferentemente de Freud, Winnicott (1971d) não reconhece como fundamental a existência de um aspecto econômico associado à brincadeira, ao menos no que se refere à brincadeira saudável. Segundo Winnicott, se a excitação pulsional tornar-se evidente durante o momento em que a criança brinca, isto poderá levar à interrupção do brincar.

A investigação de Winnicott não se limita à observação do brincar da criança, já que ele caracteriza este fenômeno como sendo a própria condição do homem saudável. Winnicott designa o brincar como fundamental à maturidade e ao espaço terapêutico. Ele afirma que a função do analista é desenvolver no paciente a capacidade de brincar, ou seja, uma capacidade para criar e habitar o espaço do sonho.

Khan (1972), importante difusor das idéias de Winnicott, apresenta uma definição do espaço do sonho com base nos relatos das consultas terapêuticas que Winnicott realizava com seus pacientes. Segundo Khan, a capacidade de sonhar é dada pela capacidade biológica inerente à psique humana, ao passo que o **espaço do sonho** configura-se como uma conquista do desenvolvimento pessoal, baseada na provisão e sustentação dada pelo ambiente. Além disso, entendo que esta concepção do sonho, apresentada por Khan, não parece estar contemplada no livro de Freud (1900), tratando-se, portanto, de um desenvolvimento original, decorrente do avanço trazido por Winnicott a partir de sua teoria dos objetos e fenômenos transicionais.

Winnicott (1971b) afirma que a criatividade é a base do viver saudável, e que é esta condição que faz com que a vida valha a pena. A possibilidade de viver criativamente é relacionada à qualidade da provisão ambiental recebida no início da vida. Com base na teoria de Winnicott sobre a criatividade, é possível pensar o trabalho do luto como estando vinculado à possibilidade de realizar um ato criativo, com o objetivo de reinstalar a idéia de que a vida vale a pena.

A possibilidade de elaboração da perda por intermédio de um ato criativo constitui um importante campo de pesquisa para a teoria kleiniana. Klein (1940) e Segal (1955) afirmam que o processo criativo, após uma experiência de perda, aparece como uma forma de reparação, tanto do mundo interno, quanto dos objetos. Assim, segundo Segal, é no momento em que o mundo interno está despedaçado e sem esperança, que devemos empreender esforços no sentido de reconstruir os objetos internos, recriando a vida[42].

Klein (1940) chama a atenção para o fato de que a elaboração de experiências de perda pode levar a mudanças psicológicas importantes e amadurecidas. Estas mudanças remontam à elaboração da angústia depressiva no início da vida, a qual possibilita um maior grau de integração e maturidade emocional. Diante de uma experiência de perda, deve-se pôr em marcha o processo de reparação, tal como nos primórdios da vida. A elaboração da perda, assim, pode vir a estimular a capacidade criativa, decorrente da necessidade de repa-

---

42. Um exemplo disso é o poema citado, *Momento* (Codeço, 2001).

rar o ego e o objeto. As experiências de sofrimento podem estimular a capacidade de sublimação, levando algumas pessoas a desenvolver atividades artísticas, ou tornando-as mais talentosas e hábeis na relação com os outros. A reparação possibilitaria o desenvolvimento de uma maior capacidade de tolerância em relação aos outros, estimulando, assim, um talento especial para as relações interpessoais a partir do desenvolvimento de mecanismos psicológicos próprios da maturidade.

Ogden (2000) introduz uma nova compreensão para a relação entre o trabalho do luto e a criatividade, ao afirmar que este processo não envolve apenas um trabalho psicológico de reparação. Segundo seu ponto de vista, é central destacar que o trabalho do luto envolve fundamentalmente a experiência de trazer algo à realidade. Assim, o que é produzido e a experiência de criá-lo constituem o que autor denomina como a "arte do luto", decorrente do esforço do indivíduo em encontrar e fazer justiça à complexa relação estabelecida com o que foi perdido e com a experiência de perda em si mesma.

O ponto de vista apresentado por Ogden difere da compreensão clássica kleiniana a respeito da criatividade constituir-se em termos da reparação do mundo interno, sem que seja necessária a exteriorização da capacidade criativa. Ogden, contudo, não nega a existência de uma mudança psicológica. Porém, ao enfatizar a importância de que algo seja exteriorizado, Ogden parece apoiar-se em uma concepção de criatividade e do trabalho do luto que conduzam o indivíduo novamente a ancorar-se de maneira saudável na realidade. Este ponto de vista aproxima-se das idéias de Winnicott a respeito do brincar e da criatividade como sempre relacionadas a uma ancoragem do indivíduo na realidade. Dado que ambas as atividades, com base nos fenômenos transicionais, passam pela aceitação e transformação da realidade repudiada, sem que seja preciso o constrangimento das potencialidades do *self*.

Lidar com a perda do objeto e constituir um espaço de viver criativo constituem duas tarefas fundamentais impostas ao bebê no início da vida, as quais necessitam de uma provisão ambiental adequada para serem realizadas satisfatoriamente. Uma das primeiras coisas que o bebê tenderá a tentar controlar do ambiente diz respeito à ausência da mãe. Assim, com o brincar, o bebê tenta fazer algo em relação a esta ausência. Do ponto de vista de Winnicott, é preciso que alguma atividade surja no repertório de experiências do bebê, que o capacite na elaboração desta ausência. Contudo, isto não significa apenas que o bebê repita de forma ativa em sua brincadeira uma experiência que sofreu passivamente.

Winnicott (1971d) afirma que o desenvolvimento do brincar ocorre no espaço potencial entre a mãe e o bebê. Nesse sentido, o brincar é fundamental para a aceitação da realidade compartilhada, na medida em que não se dá em uma área interna, como tampouco se localiza na área externa ao controle onipotente do bebê.

De uma perspectiva winnicottiana, a elaboração da perda da mãe passa pelo desenvolvimento do espaço do sonho, para que neste espaço seja possível reencontrar, em certo sentido, o que foi perdido. Por ter uma teoria original sobre o desenvolvimento emocional primitivo e a criatividade, em virtude de sua teoria da transicionalidade, Winnicott contribui para pensar o obscuro trabalho do luto. Assim, o brincar configura uma forma saudável e criativa de aceitação da realidade que passa pela elaboração da perda da mãe. Em relação a este tema, Winnicott (1971d, p. 41) mais uma vez enfatiza a importância do gesto para a constituição do indivíduo, ao afirmar que: *"para controlar o que está situado externamente é preciso fazer coisas, não apenas pensar ou desejar, e fazer algo leva tempo. Brincar é fazer"*.

É possível pensar que Winnicott reconhece que existe uma troca valiosa em jogo, como Freud (1905, 1924b) havia demonstrado com o complexo de Édipo, em que o indivíduo que renuncia ao objeto incestuoso pode beneficiar-se das riquezas da sublimação. O bebê, ao abrir mão do controle onipotente do objeto e reconhecer a realidade repudiada, tem uma possibilidade de debruçar-se criativamente sobre a realidade. Esta possibilidade carrega em si um sentido de vitalidade, na medida em que a perda pôde ser elaborada por intermédio do desenvolvimento dos fenômenos transicionais.

Capítulo 4
Considerações finais: para pensar a contribuição da psicanálise para o lugar do psicoterapeuta

Freud (1911) afirma que a experiência de satisfação alucinatória do desejo, própria do princípio de prazer, sofre uma redução significativa a partir do contato com os limites da realidade. Este momento significa um importante passo do desenvolvimento do indivíduo, pois conduz a uma apreciação mais adequada da realidade e a um novo funcionamento psíquico (princípio de realidade). Por outro lado, Freud não deixa de reconhecer a relevância da experiência de satisfação alucinatória nos primórdios da formação do aparelho psíquico.

Winnicott (1945, 1951b, 1971a) reconhece a existência de um fenômeno semelhante ao que Freud descreveu, ao apresentar a modalidade de relação que se instala entre o bebê e o ambiente. Porém, em vez de enfatizar a existência de um cerceamento da criatividade primária do bebê no contato com a realidade, postula, justamente, que este contato pode enriquecer esta capacidade. Winnicott fez-nos reconhecer que uma possibilidade, alheia ao campo da psicopatologia, é a de que o bebê, ao entrar em contato com a realidade, não questione a validade de sua alucinação (criatividade primária). Winnicott entende que, ao encontrar o seio no momento e lugar em que o bebê está alucinando, este acreditará tratar-se do seio da alucinação, e que, portanto, existe algo no mundo que corresponde ela. Este fenômeno, ressalta Winnicott, só é possível graças à adaptação suficientemente boa do ambiente às necessidades do bebê. Assim, a provisão adequada oferecida pelo ambiente reforça e enriquece a experiência de ilusão, na medida em que o bebê winnicottiano acreditará que existe algo na realidade que corresponde à sua capacidade de criar.

Ao enfatizar que o bebê se mantém crédulo em relação à sua capacidade de criar durante o contato com a realidade, entendo que Winnicott está postulando não apenas uma nova forma de relação entre o indivíduo e a realidade, mas também uma maneira pela qual o indivíduo constrói um sentido de enriquecimento interno de seu próprio *self* a partir do contato com a realidade. Este sentido relaciona-se, por exemplo, à criatividade e à auto-estima. A maneira como a teoria apresentada por Winnicott modifica a nossa compreensão sobre a criatividade é reconhecida no meio psicanalítico.

Cabe recordar, a esse respeito, a apreciação de Goldman (1993) sobre o trabalho de Winnicott. Goldman, ao comentar a originalidade da obra de Winnicott, ressalta a maneira pela qual ele foi capaz de reinventar velhos conceitos psicanalíticos, conferindo-lhes novas possibilidades de sentido. De acordo com Goldman, diferentemente de Freud, que via a psicanálise como uma maneira de curar as pessoas das ilusões, Winnicott valorizou os aspectos positivos da ilusão. É a experiência de ilusão, nascida do encontro do bebê com a provisão ambiental suficientemente boa, que permite ao bebê superar as experiências primitivas de perda e desenvolver contato saudável com a realidade – e, ao mesmo tempo, expressar os aspectos do *self* individual.

A posição de Winnicott a respeito do contato saudável com a realidade adquire relevância fundamental para a prática clínica, na medida em que conduz a reformulações técnicas que visam a atender à necessidade do paciente. Através da teoria dos objetos e fenômenos transicionais, Winnicott contribui para uma nova forma de apreciar a relação entre o indivíduo e as realidades interna e externa. Assim, o conceito de **transicionalidade** subverte não apenas a compreensão a respeito da realidade compartilhada – como demonstram os fenômenos culturais –, mas também da realidade psíquica. Isto conduz a um modelo diferente do sonho e do trabalho do luto, como discuti ao longo deste livro.

Ao reformular a nossa compreensão sobre o contato com a realidade e o trabalho do luto, Winnicott traz uma importante contribuição para pensar a intervenção psicoterapêutica destinada a crianças com enfermidades físicas graves. Tendo isso em vista, considero ser necessário delimitar de que maneira a teoria psicanalítica pode sustentar uma escuta particular diante da demanda de pacientes que enfrentam situações agudas de perda, sejam estes pacientes atendidos no âmbito institucional ou no consultório privado. Apesar da intervenção psicoterapêutica dirigida a esta população ter objetivos e formato próprios, diferentes do tratamento psicanalítico clássico (principalmente quando levamos em conta o atendimento institucional), considero que a psicanálise pode contribuir de maneira essencial para esta prática psicoterapêutica.

Um importante aspecto da proposta de cura do método psicanalítico pode ser apreendido na resposta de Freud (1893) à objeção de um paciente sobre como a psicanálise poderia vir a lhe ajudar, quando o próprio Freud reconhecia que a sua doença estava relacionada às condições particulares de sua vida. Diante desta pergunta, Freud (1893, p. 363) salienta que muito será alcançado quando, por intermédio do tratamento psicanalítico, seja possível transformar seu sofrimento "histérico" em um sofrimento "comum". Com isso, além de sintetizar a idéia de que, com a restauração da vida psíquica o paciente ficará melhor instrumentalizado para lidar com os futuros infortúnios que a vida lhe reserva, Freud estabelece uma posição ética para o seu método de cura, ao devolver ao paciente seu estatuto de sujeito, tirando-o de uma existência alienante em relação à sua própria vida e à sua doença.

Lembrei-me dessa posição de Freud no momento em que me deparei com a demanda dos meus pacientes, em sua maioria crianças que sofriam de enfermidades graves, tais como câncer, Aids, ou vítimas de um trauma grave. Dado que a mim não cabia mudar as circunstâncias de vida dos pacientes, passei a esforçar-me para ajudá-los a estar "melhor armados" contra suas infelicidades. Para tanto, busquei, em um primeiro momento, sustentação teórica em estudos a respeito da maneira como o indivíduo enfrenta os distúrbios emocionais decorrentes do adoecimento orgânico. Por um lado, esses estudos são extremamente úteis na descrição dos mecanismos psicológicos de enfrentamento do adoecimento.

A psicanálise, por outro lado, não apenas oferece um utilíssimo referencial teórico para pensar os processos **inconscientes** que acompanham as manifestações somáticas, como também reformula o lugar do psicoterapeuta, oferecendo uma valiosa reelaboração de sua técnica.

Em relação ao significado inconsciente do adoecimento, vale a pena recordar de que maneira a psicanálise ajuda-nos também na compreensão dos meandros dos investimentos libidinais. Adoecer constitui um momento de crise, um abalo à idéia que incessantemente tentamos manter de que somos invulneráveis diante da morte. O caminho pelo qual nos recuperamos de uma doença passa necessariamente pelo investimento narcisista, para que, em seguida, com a recuperação, exista o restabelecimento dos investimentos objetais. Freud (1914) afirma que, no adoecimento orgânico, observa-se falta de interesse no mundo exterior, na medida em que ele não diz respeito ao sofrimento experimentado pelo indivíduo. É pela via do investimento no próprio eu que o sujeito pode manter-se mais disponível para o cuidado de si mesmo, exigência esta feita pelo adoecimento. Posteriormente, no momento de recuperação, não há mais necessidade de tal investimento maciço no próprio eu, uma vez que o próprio sujeito apresenta-se mais fortalecido, podendo a partir daí seguir as complexidades dos investimentos pulsionais, tal como Freud conceitua.

Entretanto, o investimento narcísico, tão útil para as pessoas nos momentos de adoecimento de natureza aguda, deixa a desejar quando estão em pauta adoecimentos crônicos, ou seja, para as pessoas que vivem durante longos períodos na companhia de sua doença e que, apesar dela, devem manter o investimento no mundo à sua volta. Quando não existe recuperação plena, a ferida narcísica provocada pelo adoecimento ainda está aberta. Entretanto, apenas a manutenção do investimento no próprio eu não é suficiente, dado que caracterizaria outra forma de adoecimento. Como bem nos mostra Freud, adoecemos se, em decorrência da frustração, perdemos a capacidade de amar.

Esta questão encontra-se proximamente relacionada à demanda com a qual freqüentemente se depara o psicoterapeuta no atendimento de pessoas que enfrentam doenças graves. É como se, para esses pacientes, a morte estivesse encarnada em seus próprios corpos ainda vivos. Há, portanto, a necessidade de estabelecer novos ideais, com o objetivo de tornar a vida presente, e um futuro, possíveis. Tal demanda pode ser descrita pela necessidade de, por um lado, mobilizar no paciente o investimento no próprio eu, pois sem isso o próprio cuidado consigo mesmo ficaria comprometido. E, por outro lado, ajudá-lo na reconstrução de sua capacidade de manter investimentos no mundo exterior à sua doença, pois do contrário há a paralisação da vida. É preciso uma reorganização do próprio investimento narcisista, que conduza ao estabelecimento de novos ideais de eu, compatíveis com a condição orgânica atual e futura. Deve-se buscar estabelecer um equilíbrio entre o investimento no próprio eu e nos objetos. Este equilíbrio passa pelo reconhecimento da dura realidade da doença e por um posterior trabalho de luto, como discuti ao longo do capítulo três deste livro.

Mas com que tipo de infelicidade deparamo-nos quando nos referimos a esta clínica específica? Trata-se, com efeito, de estar de frente com a idéia da morte. E, ainda mais assombrosa, a idéia da morte de uma criança. Sabemos como é difícil falar desse tema. Como bem nos mostra Freud (1916), nossa mente afasta-se das idéias penosas a respeito da transitoriedade de nós mesmos e dos objetos que valorizamos. Assim, há uma espécie de tabu que rodeia este campo, fazendo com que, muitas vezes, o paciente e sua família tenham que ficar calados em sua dor.

A idéia da existência de um afastamento daquilo que é penoso (Freud, 1911) lembrou-me um conto de Cortázar (1951), no qual o autor relata a história de dois irmãos, que vivem juntos no antigo casarão que abrigara outrora toda a família. Ela, passando os dias a tricotar; ele, lendo ou olhando os selos de uma coleção antiga. Além disso, não se ocupam senão da limpeza da casa. Mas "barulhos" vão tomando a casa, e os irmãos, aterrorizados, passam a viver em zonas cada vez mais restritas da casa. A cada novo barulho, uma nova ala da casa é fechada, sem importar o que se perde dentro dela. O irmão assim descreve o sucedido: *"Os primeiros dias nos pareceram penosos porque ambos havíamos deixado na parte tomada muitas coisas que queríamos."*[43] Com o tempo o irmão se conforma: *"Estávamos bem, e pouco a pouco começávamos a não pensar. Pode-se viver sem pensar"*[44]. Ao final, os dois irmãos são expulsos para a rua, deixando tudo na *casa tomada*.

Esse conto pode servir de uma ilustração para uma realidade que se apresenta ao campo relacionado com o adoecimento na infância: pode-se viver sem pensar sobre a significação inconsciente deste estado, afastando-se daquilo que traz desprazer e angústia. Contudo, ignorar essa dimensão inconsciente pode fazer com que áreas de pensamento tenham que ser abandonadas, recursos importantes do indivíduo, que ficam à mercê da violência de uma realidade que não pode ser dita.

Em relação a esse tema, vale recordar o estudo de Brun (1996) sobre o significado inconsciente em torno da criança diagnosticada com câncer. Trata-se, nas palavras da autora, de uma "criança dada por morta". A fantasia que acompanha essa experiência faz com que o fantasma da morte não possa ser abandonado facilmente, mesmo no momento em que é anunciada a cura. Assim, Brun reitera a importância de estabelecer uma distinção entre a cura da doença (a cura física), da cura psíquica. Visando obter uma melhor assistência dirigida a esses pacientes, Brun sugere o uso da psicanálise, e justifica sua escolha posto que a psicanálise permite tirar o paciente de uma existência alienante e abre inúmeras possibilidades de registros para a representação da perda.

---

43. Cortázar, 1951, p. 13.
44. Idem.

Realidade e luto

Com o objetivo de melhor definir a possibilidade de inúmeros registros da realidade, faço referência à posição de Ogden (2003). O autor situa o cerne da psicanálise como a tentativa do par analítico de articular o que é "verdadeiro" na experiência emocional do indivíduo, em busca de uma mudança psicológica. Além disso, Ogden reconhece o caráter, ao mesmo tempo universal e particular, das verdades emocionais humanas. Creio que esta afirmação oferece um importante aprendizado ao psicoterapeuta que trabalha com uma criança enferma, pois lhe ensina tanto que a realidade exterior pode vir a ser significada diferentemente por ela, como o lança em busca do que é verdadeiro para aquela criança em particular. Assim, a técnica situa-se em uma dimensão que contempla a alteridade. É a postura ética do terapeuta que permite que o que é revelado no atendimento seja relacionado com o que é verdadeiro em relação à experiência emocional do sujeito.

Ainda em relação ao tema do "verdadeiro" e inspirada pelo pensamento de Bion, França (1997, p. 235) também aponta a importância da teoria psicanalítica nesta clínica particular, ao afirmar:

> "um analista em hospital pode colaborar na busca de um senso de verdade, ou seja, a possibilidade de, através da comunicação de emoções e pensamentos, estabelecer correlações que confirmem (...) que limitação, privação, doença, dor, sofrimento, morte e luto são inerentes à vida, e é sua aceitação, com ampliação da capacidade de suportar sofrimento (sofrer dor), o que nos permite suportar a vida e vivê-la mais plenamente ('sofrer' prazer)".

O atendimento às famílias desses pacientes também constitui uma difícil empreitada, visto que muitas vezes o paciente acaba sendo identificado com a morte. Essa impossibilidade de olhar lança a criança a um novo desamparo, pois ela perde a fonte de continência que poderia ser oferecida pelo olhar da família. A teoria psicanalítica constitui, assim, uma ferramenta fundamental, ao oferecer subsídios teóricos para se pensar os aspectos inconscientes que permeiam a relação mãe e filho. Além disso, a teoria psicanalítica oferece importante suporte para pensar a função de continência da mãe (Bion, 1962, 1967). Vemos que a psicanálise concede ao psicoterapeuta a possibilidade de vir a ocupar um outro lugar em sua relação com o paciente. A respeito dessa questão, é importante mencionar a avaliação de Figueiredo e Coelho Júnior (2000), de que o aspecto fundamental da posição do analista (e, que portanto sustenta e orienta a sua técnica) é o aspecto ético. Por esta razão, ao invés de debruçar-se sobre prescrições sobre como deveria ocorrer o fazer clínico (algo como recomendações relativas à técnica), os autores propõem refletir sobre a postura fundamental a ser perseguida no *setting*. Assim, Figueiredo e Coelho Júnior (2000, p. 7) ressaltam que o fundamento da prática psicanalítica é precisamente o de uma ética, e acrescentam:

> "Ética entendida como posição e como lugar (morada), como postura fundamental, como modo de escutar e falar ao e do outro em sua alteridade – a alteridade do inconsciente. Uma ética compreendida como abertura, respeito, resposta e propiciação ao outro. Algo que não se assemelha em nada a uma 'moral' e que, portanto, não poderá jamais ser convertido em um código de prescrições e proibições".

O referencial acima aponta para o lugar que devemos buscar sustentar diante da demanda clínica, uma vez que aponta para uma postura do analista / terapeuta aberta ao imprevisível do fato clínico e da alteridade do paciente. A psicanálise permite delinear uma posição **especial** para o psicoterapeuta, posto que a teoria psicanalítica permite a sustentação de uma ética diante do paciente que não o aliena, resgatando, ainda, seu estatuto de sujeito. Inspirada pelo método psicanalítico, a intervenção psicoterapêutica deixa de ser um saber (ou técnica) a ser aplicado no paciente, para tornar-se uma prática de escuta da alteridade do paciente.

Faço uso de uma vinheta clínica, com o objetivo de melhor apresentar a contribuição da psicanálise para o psicoterapeuta. Refiro-me a uma paciente vítima de amputação traumática de uma perna, decorrente de um acidente no trilho de um trem metropolitano. Além desse quadro clínico, a paciente tinha o diagnóstico positivo para HIV. Era uma moça de dezessete anos, residente em uma instituição de abrigo para menores, com um longo currículo de abandono, infração e uso de droga. A primeira coisa que me chamou a atenção em meu primeiro contato com essa paciente era o número de modificações que seu corpo havia sofrido. À minha frente havia um corpo mutilado, não apenas pela amputação, mas também por inúmeras tatuagens, algumas inacabadas e "caseiras" (do tipo que são realizadas pela própia pessoa ou colegas da instituição). Não havia como negar certo grau de vaidade, denunciada por um grande número de brincos e pela cor amarela com a qual havia tingido seu cabelo. Ela contou que o acidente ocorrera logo após a uma fuga da instituição, seguida do uso de *crack*, que a levou a um estado de "loucura" que fez com que ela não percebesse o trem e só recobrasse a consciência no hospital. Ela disse, ainda, que esta fora a primeira vez que usara a droga após um ano de ter se mantido "limpa". Quando perguntei o porquê do abandono deste projeto de desintoxicação, ela relatou que fugiu logo após ter sido informada de seu diagnóstico soropositivo.

 Enquanto ela me contava sua história, na minha cabeça veio uma fantasia da paciente como bebê, com um corpo "intacto" e desprotegido, à espera da sustentação que o ambiente pudesse vir a lhe oferecer. A partir da minha fantasia, a imagem que eu formei da paciente não combinava com o *status* que ela recebia na instituição, como sendo infratora e agressiva. Havia algo em sua singularidade que pedia uma nomeação. Se é válido admitir que a imagem que se formou em minha mente funcionava como uma espécie de comunicação de aspectos inconscientes da paciente, decorrentes da experiência intersubjetiva (Ogden, 1996) que ali se desenrolava, eu podia formular a hipótese de um profundo desamparo, tal qual o de um bebê na impossibilidade de dar conta de angústias impensáveis (Winnicott, 1974). Parecia que o diagnóstico suscitou uma nova angústia de morte; na falta de recursos internos da paciente ou de um suporte oferecido pelo ambiente que fosse considerado suficiente por ela, a fuga parecia a única possibilidade de afastar-se de uma realidade assustadora. O acidente com o trem pareceu incrementar sua angústia de morte, e eu sentia que era necessário ajudá-la a reconhecer o perigo em que se lançava em decorrência de um determinado modo de defender-se contra a angústia. Disse-lhe o quanto ela devia ter ficado assustada com o diagnóstico; tão assustada que abandonou um projeto no qual havia investido tanto. Talvez essa imagem formada em minha mente fosse uma forma de expressar a violência de um abandono que não podia ser nomeado pela paciente, dada a tamanha carga de angústia a ele atrelada. Apesar do profundo estado de desamparo da paciente, pude acreditar na existência de um potencial para o desenvolvimento e para a mudança, tal como existe no bebê (Winnicott, 1945), ou seja, uma possibilidade de fazer uso do que o ambiente pudesse oferecer, desde que oferecido satisfatoriamente (creio que este elemento de aposta na existência de recursos no paciente é um importante elemento na clínica).

Apesar de o discurso da paciente não explicitar a violência de seu abandono, decidi fazer uso da minha fantasia e falar-lhe sobre seu possível estado de abandono. A partir da minha fala, a paciente começou a chorar, dizendo o quanto estava assustada. Diante disso, disse-lhe que seria importante contactar alguém de sua família. A partir disso, a paciente, que antes não admitia que sua família fosse contactada, mostrou-se mais aberta à idéia de que seu pai viesse de sua cidade natal para acompanhá-la durante o período de internação e a ajudasse depois de sua alta.

O fragmento clínico acima demonstra dois pontos importantes e aparentemente contraditórios: o primeiro deles é o quanto o atendimento no modelo de consulta psicoterapêutica difere da psicanálise, e o segundo é o quanto este modelo se relaciona com o método psicanalítico. Pensar a consulta psicoterapêutica em sua diferença com a psicanálise é reconhecer a especificidade deste tipo de intervenção, tendo em vista os objetivos propostos pela instituição. Contudo, pensar esta modalidade terapêutica em sua relação com a psicanálise é delimitar de que maneira a psicanálise pode iluminar o conturbado caminho do psicoterapeuta em seu fazer clínico.

Apresento novamente uma vinheta clínica, para dar continuidade à presente discussão. Um rapaz de 14 anos veio até a mim para uma consulta, porque se recusava a colaborar com seu tratamento médico, necessário devido a um quadro grave de fibrose cística.

Entrevistei o paciente junto com sua mãe durante mais de uma hora, ocasião na qual pude conhecer a maneira como enfrentavam as adversidades impostas pelo quadro crônico, incurável e progressivo. Surpreendi-me com o fator adaptativo presente naquela história, pois, aparentemente, tudo corria bem, apesar da doença. O sintoma que aparecia neste momento era a recusa da internação por parte do paciente, fato este que chamava a atenção, pois, até então, ele demonstrava colaboração com o tratamento.

Decidi expor ao paciente a minha perplexidade, perguntando: "Não consigo entender o que acontece com você, pois você se mostra muito bem informado a respeito da sua doença, da necessidade dos procedimentos, etc., então por que, agora, você não pode concordar com a internação?" Ao que ele respondeu: "Os médicos não entendem que a nossa vida não pára só porque ficamos doentes. O que acontece é que meu pai tem uma amante. Se eu ficar internado, minha mãe dormirá comigo no hospital e ele irá ficar com ela".

A explicação era interessante. Minha intervenção foi no sentido de auxiliar o paciente a discriminar-se da história de sua mãe, uma mulher bastante deprimida que depositava na relação com o filho enfermo a maior parte da sua vida afetiva. O menino parecia ocupar um lugar importante no controle do humor materno. Neste caso, ao invés de encontrar uma demanda relativa aos processos de lidar com o adoecimento (o que comumente poderia se esperar encontrar nesse caso), deparei-me com outra problemática. Uma questão que só pôde ser a mim apresentada, na medida em que eu abandonei a minha pré-concepção e pude ouvir este sujeito em sua singularidade.

Ao lado disso, à parte as dificuldades na dinâmica familiar denunciadas por este caso, uma coisa que este paciente me ensinou foi o fato de que "Os médicos, – e eu acrescento, nós psicólogos e profissionais de saúde em geral – não entendemos que a nossa vida não pára só porque ficamos doentes".

Este breve relato clínico nos mostra que é fundamental interrogar de que lugar parte a nossa escuta diante da demanda do paciente. Acredito que, instrumentalizados pela psicanálise, seja possível buscar sustentar uma posição ética, um lugar de escuta que permita ao sujeito revelar-se em sua alteridade. Assim, além de uma prática psicoterapêutica que auxilie o paciente a lidar com o adoecimento, é preciso também não estar surdo ao que ainda pode surgir, porque a *vida não pára só porque ficamos doentes*. Este caso lembrou-me o início de minha prática clínica. Diante de pacientes vítimas de adoecimentos graves, expostos a inúmeras situações de perda, o primeiro impacto que tive foi o de pensar que nada poderia ser feito, e que os distúrbios psíquicos encontrados nos pacientes justificavam-se *porque eles estavam doentes*. Pouco a pouco, percebi que essa idéia apenas me deixava de mãos atadas. Assim, eu precisava encontrar uma forma de trabalhar psicoterapeuticamente, apesar da doença. Para tanto, a doença não poderia ser um diferencial na minha atuação clínica. Contudo, a doença, este dado da realidade dos pacientes, não poderia ser por mim ignorada. Assim, era necessário suportar a natureza paradoxal dessa situação, e buscar um equilíbrio entre levar em conta a realidade e não sucumbir diante dela. Como procurei discutir ao longo deste livro, entendo que esta condição psíquica passa pelo estabelecimento de um contato saudável com a realidade e pelo trabalho do luto, por intermédio dos fenômenos transicionais.

Referências bibliográficas

Balint, A. Love for the mother and mother love. In: Balint, M. *Primary love and pycho-analytic technique*. London: Hogarth Press, 1952, p. 109-127

Balint, M. *Primary love and psycho-analytic technique*. London: Hogarth Press, 1952

Bion, W. R. *Learning from experience*. London: Maresfield Library, 1962.

_____. A theory of thinking. In: *Second Thoughts*. London: William Heinemann Medical Books, 1967, p. 110-119.

Brun, D. *A criança dada por morta: riscos psíquicos da cura*. São Paulo: Casa do Psicólogo, 1996.

Camus, A. *Le premier homme*. Paris: Éditions Gallimard, 1994.

Codeço, J. P. Momento. In: *Meu Canto*. São Paulo: Com Arte Júnior, 2002, p. 23.

Coelho Júnior, N. E. *A força da realidade na clínica freudiana*. São Paulo: Escuta, 1995.

Coelho Júnior, N. E. & Figueiredo, L. C. Figuras da intersubjetividade na constituição subjetiva: dimensões da alteridade. Inédito, 2002.

Cortázar, J. Casa Tomada. In: *Bestiário*. São Paulo: Círculo do livro, 1951.

Fédida, P. O grande enigma do luto. Depressão e melancolia. O belo objeto. In: Fédida, P. *Depressão*. São Paulo: Escuta, 1999.

Felinto, M. *As mulheres de Tijucopapo*. Rio de Janeiro / São Paulo: Record, 1984.

Ferenczi, S. The adaptation of the family to the child. (1928) In: *Final contributions to the problems and methods of psycho-analysis*. London: Hogarth Press and Institute of Psycho-Analysis, 1955.

_____. Princípio de relaxamento e neocatarse. (1930) In: *Sándor Ferenczi – Obras completas volume IV*. São Paulo: Martins Fontes, 1992.

_____. Confusão de língua entre os adultos e a criança. (1933) In: *Sándor Ferenczi – Obras completas volume IV*. São Paulo: Martins Fontes, 1992.

Ferenczi, S. Reflexões sobre o trauma. (1934) In: *Sándor Ferenczi - Obras Completas volume IV*. São Paulo: Martins Fontes, 1992.

Figueiredo, L. C. M. & Coelho Júnior, N. E. *Ética e técnica em psicanálise*. São Paulo: Escuta, 2000.

França, M.T.B. O terror tem nome: a enfermaria de crianças gravemente enfermas. In: *Jornal de Psicanálise do Instituto de Psicanálise da SBPSP*, 30(55/56), 229-236, 1997.

Freud, S. Estudos sobre a histeria. (1893) In: *Edição standard brasileira das obras psicológicas completas de Sigmund Freud*. Rio de Janeiro: Imago, 1985, v. III.

_____. A teoria transformada. (1897) Carta a Wilhem Fliess de 21 de setembro de 1897. In: Masson, J. M. (1986) (Ed.) *A correspondência completa de Sigmund Freud para Wilhem Fliess – 1887-1904*. Rio de Janeiro: Imago, 1986, p. 265-268.

_____. Interpretação dos Sonhos. (1900) In: *Edição standard brasileira das obras psicológicas completas de Sigmund Freud*. Rio de Janeiro: Imago, 1985, v. IV e V.

_____. Três ensaios sobre a teoria da sexualidade. (1905) In: *Edição standard brasileira das obras psicológicas completas de Sigmund Freud*. Rio de Janeiro: Imago, 1985, v. VII.

_____. Escritores criativos e devaneio. (1908). In: *Edição standard brasileira das obras psicológicas completas de Sigmund Freud*. Rio de Janeiro: Imago, 1985, v. IX.

_____. Formulações sobre os dois princípios de funcionamento mental (1911). In: *Edição standard brasileira das obras psicológicas completas de Sigmund Freud*. Rio de Janeiro: Imago, 1985, v. XII.

_____. *Sobre o Narcisismo: uma introdução*. (1914)In: *Edição standard brasileira das obras completas*. Rio de Janeiro: Imago, 1975, v. XIV.

_____. *Sobre a transitoriedade*. (1916) *Edição standard brasileira das obras completas*. Rio de Janeiro: Imago, 1975, v. XIV.

_____. Mourning and melancholia. (1917 [1915]) In: *The Penguin Freud Library, vol. XI – On metapsychology*. London: Penguin Books, 1991, p. 245-268.

_____. Além do princípio do prazer. (1920) In: *Edição standard brasileira das obras completas de Sigmund Freud*. Rio de Janeiro: Imago, 1985, v. XVII.

_____. A perda da realidade na neurose e na psicose. (1924a) *Edição standard brasileira das obras psicológicas completas de Sigmund Freud*. Rio de Janeiro: Imago, 1985, v. XIX.

_____. The dissolution of the Oedipus complex. (1924b) In: *Sigmund Freud – The essential of psycho-analysis*. London: Penguin Books, 1991, p. 395-401.

_____. Letter to Ludwig Binswanger. (1929) In: Frankiel, R. V. (Ed.) (1994) *Essential papers on object loss*. New York: New York University Press, 1994, p.70.

_____. O mal-estar na civilização. (1930 [1929]) In: *Edição standard brasileira das obras completas de Sigmund Freud*. Rio de Janeiro: Imago, 1985, v. XXI.

Fromm, M. G. Winnicott's work in relation to classical psychoanalysis and ego psychology. (1989) In: Fromm, M. G.; Smith, B. L. (Eds.) (1989) *The facilitating environment: clinical applications of Winnicott's theory*. Madison / Connecticut: International University Press, 1989, p. 3-26.

Goldman, D. (1993) *In search of the real: the origins and originality of D.W. Winnicott*. Northvale/ New Jersey/ London: Jason Aronson, 1993.

Green, A. The dead mother. (1983) In: *On private madness*. London: Karnac Books, 1997, p. 142-173

_____. (2000) *André Green at The Squiggle Foundation*. London: The Squiggle Foundation.

_____. On Thirdness. (2000a) In: Abram, J. (Ed.) (2000) *André Green at The Squiggle Foundation*. New York / London: Karnac Books, 2000, p. 39-68.

_____. The Posthumous Winnicott. (2000b) In: Abram, J. (Ed.) (2000) *André Green at The Squiggle Foundation*. New York / London: Karnac Books, 2000, p. 69-83.

Grosskurth, P. *Melanie Klein: her world and her work*. (1986) New York: Alfred A. Knop, 1986.

Grotstein, J. S. Winnicott's importance in Psychoanalysis. (1989) In: Fromm, M. G.; Smith, B. L. (Eds.) (1989) *The facilitating environment: clinical applications of Winnicott's theory*. Madison / Connecticut: International University Press, 1989, p. 130-155.

Haynal, A. E. *A técnica em questão: controvérsias em psicanálise: de Freud e Ferenczi a Michael Balint* (1988). (Coleção Clínica Roberto Azevedo). São Paulo: Casa do Psicólogo, 1995.

Haynal, A. E. *Disappearing and Reviving: Sándor Ferenczi in the History of Psychoanalysis* (2002). London / New York: Karnac, 2002.

Isaacs, S. *Intellectual growth in young children* (1930). London: Routledge.

_____. The nature and function of phantasy. (1952). In: Klein, M.; Heimann, P.; Isaacs, S.; Riviere, J. (eds.) (1952) *Developments in Psychoanalysis*. London: Hogarth Press, 1970.

James, M. The Essential Contribution of D. W. Winnicott (1985). In: *Winnicott Studies*, 1, 26-35.

Kahr, B. *D. W. Winnicott: a biographical portrait* (1996). London: Karnac Books, 1997.

_____. *The Legacy of Winnicott: essays on infant and child mental health* (2002). London: Karnac Books, 2002.

Khan, M. M. Introduction (1958). In: Winnicott, D.W *Through paediatrics to psychoanalysis. Collected papers* (1958). London: Karnac Books, 2002, p. xi-xlviii.

_____. La capacité de rêver (1972). In: Pontalis, J-B. (Ed.) (1972) *L'espace du rêve*. Paris: Gallimard, 1972.

Klein, M. The importance of symbol-formation in the development of the ego (1930). In: *Love, guilt and reparation and other works 1921-1945*. London: Vintage, 1998, p. 219-232.

_____. *Psychoanalysis of children* (1932). London: Hogarth Press, 1975.

_____. Love, guilt and reparation (1937). In: *Love, guilt and reparation and other works 1921-1945*. London: Vintage, 1998, p. 306-343.

_____. Mourning and its relation to manic-depressive states (1940). In: *Love, guilt and reparation and other works 1921-1945*. London: Vintage, 1998 p. 344-369.

_____. The Oedipus complex in the light of early anxieties (1945). In: *Love, guilt and reparation and other works 1921-1945*. London: Vintage, 1998, p. 370-419.

Lacan, J. Le stade du miroir comme formateur de la fonction du Je (1949). In: Lacan, J. *Écrits*. Paris: Seuil, 1966, p. 93-100.

Laplanche, J. Da teoria da sedução restrita à teoria da sedução generalizada (1988). In: *Teoria da sedução generalizada e outros ensaios*. Porto Alegre: Artes Médicas, 1988.

Masson, J. M. (1986) *A correspondência completa de Sigmund Freud para Wilhelm Fliess – 1887-1904*. Rio de Janeiro: Imago.

Matos, O. A experiência: narração e morada do homem. (2001) In: *Jornal de Psicanálise do Instituto de Psicanálise da SBPSP*, São Paulo, **34**(62/63), 69-75, 2001.

Milner, M. Psychoanalysis and art (1958). In: Sutherland, J. (Ed.) (1958) *Psychoanalysis and contemporary thought*. London: Karnac Books, 1987, p. 77-101.

Ogden, T. On potential space (1993). In: Goldman, D. (Ed.) (1993) *In one's bones: the clinical genius of Winnicott*. London: Jason Aronson, 1993, p. 223-239.

_____. Analyzing forms of aliveness and deadness (1995). In: *Reverie and Interpretation. Sensing something human*. London: Karnac Books, 1999, p. 21-63.

_____. *Os sujeitos da psicanálise*. São Paulo: Casa do Psicólogo, 1996.

_____. Borges and the art of mourning (2000). In: *Conversations at the frontier of dreaming*. London: Karnac Books, 2002, p. 115-152.

_____. Reading Winnicott (2001). In: *Conversations at the frontier of dreaming*. London: Karnac Books, 2002, p. 203-235.

_____. What's true and whose idea was it? (2003) In: *International Journal of Psycho-Analysis*, 84,593-606, 2003

Phillips, A. *Winnicott*. London: Fontana Press, 1988.

Pontalis, J. B. (1977) *Entre le rêve et la douleur*. Paris: Gallimard.

Rayner, E. *The Independent mind in British Psychoanalysis* (1991) Northvale/ New Jersey / London: Jason Aronson, 1991.

Reis, B. E. Thomas Ogden's phenomenological turn. (1999) In: *Psychoanalytic dialogues*, 9, 371-394, 1999.

Reverzy-Piguet, C. *L'ensignement de Ferenczi: ses préoccupations fondamentales* (1985). Geneva, Switzerland: Doctoral Thesis, University of Geneva, 1985.

Safra, G. *A face estética do Self: teoria e clínica*. (1999) São Paulo: Unimarco Editora, 1999.

Searl, N. The flight to reality (1929). *International Journal of Psycho-Analysis*, vol. X.

Segal, H. A psycho-analytical approach to aesthetics (1955). In: Klein, M.; Heimann, P. & Money-Kyrle, R. (Eds.) (1955). *New directions in psychoanalysis*. London: Karnac, 1985, p. 384-405.

Segal, H. Notes on symbol formation. (1957) In: *International Journal of Psychoanalysis*, 38,391-397, 1957.

Winnicott, C. Preface. (1988) In: *Human nature*. London: Free Association Books, 1988, p. ix.

Winnicott, D.W. *Clinical notes on disorders of childhood*. (1931) (Practioner's Aid series). London: William Heinemann, 1931.

_____. (1971) *Playing and reality*. Edição consultada: *Realidade y julgo*, Buenos Aires: Granica Editor, 1972.

_____. The manic defense (1935). In: *Through paediatrics to psychoanalysis. Collected papers.*. London: Karnac Books, 2002, p. 129-144.

_____. Primitive emotional development (1945). In: *Through paediatrics to psychoanalysis. Collected papers*. London: Karnac Books, 2002, p. 145-156.

_____. Reparation in respect of mother's organized defence against depression (1948). In: *Through paediatrics to psychoanalysis. Collected papers*. London: Karnac Books, 2002, p. 91-96.

_____. Manuscrito do texto *Transitional objects and transitional phenomena* (1951a). Arquivos da Sociedade Britânica de Psicanálise.

_____. Transitional objects and transitional phenomena (1951b). In: *Through paediatrics to psychoanalysis. Collected papers*. London: Karnac Books, 2002, p. 229-242.

_____. Psychosis and child care (1952). In: *Through paediatrics to psychoanalysis. Collected papers*. London: Karnac Books, 2002 p. 219-228.

_____. Letter to W. Clifford M. Scott. April 1954. (1954a) In: Rodman, F.R. (1987) (Ed.) *The spontaneous gesture: selected letters of D .W. Winnicott*. London: Karnac Books, 1999, p. 60-3.

_____. Carta de Winnicott, de 26 de maio de 1954, endereçada a Mrs. Ucko (1954b). Arquivos da Sociedade Britânica de Psicanálise.

_____. Aspectos Clínicos e metapsicológicos da regressão dentro do *setting* psicanalítico (1954-5). In *Textos selecionados: da pediatria à psicanálise*. Rio de Janeiro: Francisco Alves, 1978.

_____. Primary maternal preoccupation (1956a). In: *Through paediatrics to psychoanalysis. Collected papers.* London: Karnac Books, 2002, p. 300-305.

_____. Letter to W. Clifford M. Scott, 26 December (1956b). Citado por Grosskurth, P. (1986) *Melanie Klein: her world and her work.* New York: Alfred A. Knop, 1986.

_____. The capacity to be alone (1958). In: *The maturational process and the facilitating environment.* London: Karnac Books, 1990, p. 29-36.

_____. String: a technique of communication (1960a). In: *The maturational process and the facilitating environment.* London: Karnac Books, 1990, p. 153-157.

_____. Ego distortion in terms of true and false *self* (1960b). In: *The maturational process and the facilitating environment.* London: Karnac Books, 1990, p. 140-152.

_____. Letter to Bion (1960c). In: Rodman, F. R. (1987) (Ed.) *The spontaneous gesture: selected letters of D.W. Winnicott.* London: Karnac Books, 1999, p. 131.

_____. The theory of parent-infant relationship (1960d). In: *The maturational process and the facilitating environment.* London: Karnac Books, 1990, p. 37-55.

_____. Communicating and not communicating leading to a study of certain opposites (1963). In: *The maturational process and the facilitating environment.* London: Karnac Books, 1990, p. 179-192.

_____. *The child, the family and the outside world* (1964). London: Penguin Books, 1991.

_____. The concept of trauma in relation to the development of the individual within the family (1965). In: Winnicott, C.; Shepherd, R. & Davis, M. (Eds.) *Psychoanalytic explorations.* Cambridge / Massachusetts: Harvard University Press, 1992.

_____. Postscript: D. W. W. on D. W. W. (1967a). In: Winnicott, C.; Shepherd, R. & Davis, M. (Eds.) *Psychoanalytic explorations.* Cambridge / Massachusetts: Harvard University Press, 1992, p. 569-582.

_____. Mirror-role of mother and family in child development (1967b). In: *Playing and reality.* London / New York: Routledge, 1989, p. 111-118.

Winnicott, D.W. Addendum to The location of cultural experience (1967c). In: Winnicott, C.; Shepherd, R. & Davis, M. (Eds.), *Psychoanalytic explorations*. Cambridge / Massachusetts: Harvard University Press, 1989, p. 200-202.

_____. Transitional objects and transitional phenomena (1971a). In: *Playing and reality*. London / New York: Routledge, 1989, p. 1-25.

_____. Creativity and its origins (1971b). In: *Playing and reality*. London / New York: Routledge, 1989, p. 65-85.

_____ The location of the cultural experience (1971c). In: *Playing and reality*. London / New York: Routledge, 1989, p. 95-103.

_____. Playing=-: a theoretical statement (1971d). In: *Playing and reality*. London / New York: Routledge, 1989, p. 38-52.

_____. Fear of breakdown (1974). *Int. Rev. Psychoanal.* 1,103-107.

_____. *Human nature*. (1988) London: Free Association Books, 1988.